MBA

公務員もMBA

転職編　ラーメン起業の発想も
現職編　すべては納税者満足度

目次

装丁・装画　市瀬淑子

パート1　遭遇編

1　ＭＢＡはやわかり

ＭＢＡって何？

ＭＢＡとは、Master of Business Administration（経営学修士）のことです。アメリカでは、ＭＢＡ取得者に対する社会的評価が高く、転職や昇進の際に有利な資格の一つとされています。日本ではまだそのレベルには至っていませんが、年功序列から能力主義への転換が進む中で、ＭＢＡ取得を目指す人が増えつつあります。ただしＭＢＡは弁護士や建築士等とは異なり、法律によって特定の仕事に携われる資格を付与される訳ではありません。つまり、ＭＢＡを活かせるかどうかは、全く実力次第なのです。

ＭＢＡで学習する内容は多岐にわたり、経営戦略、マーケティング、経済学、会計学、人事管理、ＩＴ、クリティカル・シンキング、事例研究、企業倫理などが主な科目としてあげられます。したがって、資格取得には相当の努力・時間と知識が必要となります。

経営戦略、マーケティングでは、さまざまな理論や手法を学びます。学習の過程では、たくさんの実例を使って検証を行います。これらは、経営学以外では学ぶ機会がほとんどないことなので、最初はとまどうかもしれません。しかし、例えば「日本では、なぜコンビニが好調でスーパーが苦戦しているのか」といった身近なケースで考えると、興味を持って取り組めるでしょう。

一方、経済学、会計学はどちらかというと地味な科目です。ミクロ・マクロ経済学のいろいろな理論を理解するには、基礎知識がないと苦労すると思います。会計学は企業経営に必須の実務的知識で、日々の取引を記録する簿記に始まり、財務諸表の読み方、評価の方法を学びます。簿記を一から勉強する人は、苦手意識を持つことが多いようです。

IT、クリティカル・シンキング、事例研究、企業倫理は、日経新聞を面白いと思って読める程度の知識と問題意識があれば、すんなり入っていける科目です。言い換えれば、「日経新聞は、むずかしくて面白くない」と敬遠している人がこれらの科目の内容を習得すれば、視野が劇的に広がることでしょう。

MBAを取得するには

MBAコースに入学するためには、大学卒業や一定期間の実務経験等が要件とされることが多いようです。日本語で授業を行う大学なら、英語力は必須ではありません。しかし、経済のグローバル化が進む中で、「せっかくMBAを取得するなら英語で！」という傾向があります。

ＭＢＡを取得するためには、以下の方法があります。なお、内容は随時変わっていますので、各自インターネット等で最新の情報を確認して下さい。

①海外の大学のＭＢＡコースに留学する。

経営学の分野では、アメリカが世界を席捲しています。通常は2年間、数百万円の費用、他に滞在費がかかります。ハーバード大学等の有名校に入るためには、競争率の高い選考があり、相当の準備が必要です。もちろん、十分な英語の能力が前提です。

②国内の大学のＭＢＡコースに通う。

いくつかの大学で、ＭＢＡコースを開設しています。原則として日本語で授業を行う大学と、完全に英語の大学があります。1～2年間で数百万円の費用がかかります。

③大学が提供するインターネットのＭＢＡコースで学ぶ。

いくつかの大学で、日本語、英語によるＭＢＡコースを開設しています。インターネットを通じて、課題の提示、レポートの提出、指導、ディスカッションなどを行います。スクーリングで実際の聴講の場を提供している大学もあります。入学前に英語の能力を実証する書類（TOEIC®等）を求められることがあります。留学・通学と比べるとリーズナブルですが、百万円単位の費用はかかります。仕事を持ちながらでも学べるというメリットの反面、夜間・休日に勉強しなければならないという負担があります。夜中の2時、3時までかかってレポートを作成したといった話も聞きます。勉強時間の確保とモチベーションの維持が卒業のカギとなります。

MBAは必要か？

MBAを取得していなくても、成功している経営者がたくさんいることは事実です。しかし近年、経営者の判断ミスや犯罪で、大規模な倒産や廃業、不祥事が続いています。山一證券・カネボウの粉飾経理、雪印食品・不二家の期限切れ食品の販売、三菱自動車・パロマの欠陥隠しなどが挙げられます。アメリカでは2兆円の負債と2万人の失業者を残して、エンロンが破綻しました。これらの大企業には、当然有能な社員が多数いたことでしょう。しかし、誰かが誤った判断をしても、それをほとんどの社員が知らなかったか、多くの社員が知っていても止めようとしなかったのです。また組織的にも、止められるような体制となっていなかったため、暴走させたのです。

企業が大きくなるほど、企業内部の問題、たとえば上層部の犯罪や不正経理、製品製造過程での不祥事が、隠されたりうやむやにされたりする傾向があります。なぜなら、大きな企業では、広範な事業活動をチェックすることが容易ではないからです。さらに、個人の影響力は限られているので、おかしいと感じても、組織を動かすためには大きなエネルギーがいります。それに、組織の中で波風を立てると、しばしば人事上の冷遇などに遭います。そこで、企業を継続的かつ健全に経営していくためには、経営者、管理職、職員それぞれの地位に応じた能力――役割意識や倫理観を高め、組織相互の協力・チェック機能を整備していくことが課題となるのです。この課題をどうやって解決していくかを研究するのも、ＭＢＡの守備範囲です。大企業の不祥事や倒産のケースを検証すると、ＭＢＡで学ぶ発想や仕組みが社内で実践されていなかったこと、特に組織間の情報の共有化がなされず、チェック機能が発揮されていなかったことが問題点として浮かび上がってきます。これらの会社の重役や社員は、自己防衛、組織防衛に終始して、顧客（customer）の大切さを忘れていました。もしも、これらの大企業で、顧客志向を基本理念とするＭＢＡを活かした人づくり、組織づくりがなされていたならば、不祥事の発生を未然に防いだり、被害の拡大を最小限に留めたりすることにより、企業の存続や顧客の信頼の維持が可能だったはずです。

小さな組織でもＭＢＡ

小さな会社でも、ＭＢＡは有効です。イメージとして、寅さんの映画に出てくる町工場のタコ社長をとりあげます。工場の資金繰りに奔走し泣き言をいうタコ社長のシーンは、笑いと切なさを誘います。このタコ社長に経営学の必要性を説いたら、「下請のちっぽけな工場になにが経営学だ。それより手形の支払の算段でぇぃ！」と怒られそうです。たしかに、一昔前の多くの下請企業は、他社からもらう仕事を忠実にこなすことで存続してきました。時には、不利な条件の手形を押し付けられることもあったでしょう。独自の販路や新たな取引先の開拓をすると、お得意様の機嫌を損ねるので、現状維持に甘んじるしかないという事情もありました。しかし、経済のグローバル化、インターネットの普及、バブル経済の崩壊の結果、従来の硬直した系列関係は崩れつつあります。もはや、特定企業からの安定した発注に依存できる時代ではありません。小さな工場でも、競争力を高め、自ら顧客や販路を開拓していかなければならないのです。

もしも、タコ社長がＭＢＡの基礎を学んだとしたら、例えばこんなシーンになるでしょう。

まず、社長は会計帳簿を見直します。今までは、資金繰りのための帳面位にしか考えていませんでしたが、今回は経営者として分析します。そうすると、原材料費の支払がかなりの割合を占めていることに気づきます。節約する方法はないかと思い、工場内を見回します。今まで気にならなかったのですが、散らかし放題、汚れ放題で、通路をまっすぐ歩くこともできません。社長は自腹を切って従業員に時間外手当を払い、一緒に大掃除をします。すると大量の使いかけの材料が、通路や機械の隙間、廃材置き場に放置されているのを発見します。従来は在庫管理がおろそかで、材料の廃棄率が高かったのです。従業員と話し合い、大掃除の結果空いたスペースに材料の保管場所を設け、どこに何がどのくらいあるかを、誰でもすぐに把握できるようにしました。結果として材料費の節約と生産性の向上が実現できました。従業員は、もう社長が手形の決済で走り回る姿を見ることはありません。社長は収益向上の成果を、老朽化した工場の外観のリフォーム、デザイン性の高い作業服の導入、毎月開催することにした改善検討会の時間外手当と懇親会代に充当し、ボーナスも少し増やしました。きれいになった工場とやる気のある従業員をアピールすることにより、顧客開拓に自信をもって取り組めるようになりました。

結果として、一層の生産性の改善、従業員のモラール・アップ、定着率の向上という循環が実現されました。新たな取引先が増えて、金融機関の印象も良くなり、最新の機械導入のための融資が受けられます。将来的には、屋上にソーラーパネルなどを付けて環境に配慮した工場としてアピールできるものに改装するとともに、従業員参加型の経営を推進し、都市型工場のモデルとして、業界誌でＰＲすることを目指します。

「会計帳簿のチェック、整理整頓や改善検討会の実施なんて、あたりまえじゃないか」と思う方もいるかもしれません。しかし、実際、町工場を回ってみると、そうではないところがたくさんあります。ちなみに、あなたの職場はどうでしょうか。予算要求に力を注ぐのに比べて、予算執行の管理や決算の検証・評価をおろそかにしていませんか。机の上に書類が山積みされていませんか。机の下、通路やキャビネットの上に、書籍やダンボールが放置されていませんか。課長が部下に資料を求めると、すぐにファイリングキャビネットの所定の場所から出てきますか。それとも、誰かが個人の資料の束の中から「たしかこのあたりにあったはずだ」なんて言いながら探していませんか。職場内で、定期的に事務改善や将来の計画について話し合っていますか。単に、課長が伝達事項を話しておしまいなんていう連絡会になっていませんか。もしも、あなたの所属する職場がそのような状態なら、ぜひ本書を活用して、明日から改善してみて下さい。

難しくないＭＢＡの発想法

ＭＢＡで学ぶ理論や発想の花形ともいえるマーケティングは、誰でもなるほどと理解できるものです。なぜなら、その出発点は、みなさん一人ひとりが持っている欲求の発見と、その欲求の充足にあるからです。たとえば、夜間・早朝にも近所で買物をしたい、食事作りに時間をとられたくないというニーズに対応して、コンビニエンスストアが発展してきたのです。24時間店を開けて利益をあげるためには、人員の配置、新鮮な食材の確保と頻繁な配送、多品種・少量の商品の効率的配送システムの構築等、前例のない課題がたくさんありました。これらの解決のためには、幅広い知識と既存の枠にとらわれない自由な発想が不可欠でした。今日、コンビニは、顧客の要求を先取りするまでに進化しています。小さな店舗の中に、銀行、郵便、チケット販売、ファックス機能が付加されるようになりました。さらには、独自の食材やノベルティの開発、オリジナルのキャラクター・グッズが当たるくじの販売など、単なる「コンビニ（便利）」を超えた魅力的な演出を行っています。MBAを取得する過程では、まさにこういった知識や発想を身に着けるのです。

MBA取得者は使えない？

MBA取得者の活用について、懐疑的、批判的な見解もあります。例えば、「MBAを持っているヤツらは、理屈っぽくて現場では役に立たない」「理論ばかり振り回し、職場から浮いている」「エリート意識が高く、失敗すると落ち込んでしまう」「とりえは、英語をちりばめたプレゼンテーションだけだ」といったところでしょうか。

これらの批判は、ＭＢＡを誤解しています。まず、「理屈っぽくて現場には役立たない」との批判は、ＭＢＡが実践に根ざした学問で、ケース・スタディを多用した学習をするという点を見落としています。たしかに、第一線のセールスマンは、理屈抜きで土日出勤、夜討ち、朝駆けで売りまくるということでもよいかもしれません。しかし、企業経営という視点で見た場合、それだけでは継続的に利益を出せるとは限りません。お客様のニーズからずれた性能・品質、高すぎる価格、他社よりも魅力のない製品では、いくらセールスマンががんばっても限界があります。逆に、一定の利益が得られない価格設定では、会社が存続できません。実際、競争の激しい業界では、売れば売るほど損失が出るなんて話もめずらしくありません。そこでＭＢＡでは、お客様のニーズを出発点にして、継続的に利益が期待出来る経営戦略の構築法を学習するのです。その過程では、実際の成功事例、失敗事例を検証し、現場で適用できる理論や手法を考えていきます。ＭＢＡを単に理屈っぽいと否定するのは、戦場で槍を持って突進することのみを尊ぶ猪武者や、古い兵法書の教訓を墨守する軍師のようなものです。このような猪武者や軍師は、自分たちの美学や知識、経験に固執しているという点で、より理屈っぽいのです。その結果、何か改革しようとする意見を述べる者を、「理論ばかり振り回している」と否定的に評価し、「職場から浮きあがらせる」結果になるのです。

次に、「エリート意識が高く、失敗すると落ち込んでしまう」点についてですが、たしかに、エリートコースを進んできた者には、失敗した際のダメージに弱いという傾向があるのは事実です。しかし、これはMBA取得者だからというよりは、挫折や失敗に慣れていない者共通の特徴です。MBAの過程は、人事管理、モチベーション、メンタル・ヘルスも含みます。したがって、部下のモチベーションの向上や自分自身のメンタル・マネジメントも学んでいるのです。落ち込んでしまうMBA取得者は、その部分の習得が不十分だったということでしょう。

「とりえは、英語をちりばめたプレゼンテーションだけだ」という点については、そもそもMBAは経営全般を守備範囲としているので、全く的はずれの批判です。おそらくこの批判の背景には、「MBA取得者は、英語を多用し鼻持ちならない」という感情があるのかもしれません。仮にプレゼンターが、相手の知識やニーズに配慮しないで、英語を多用したり、あまり使われない英語を使ったりしたら、聴衆は不愉快に感じるでしょう。MBAは、決して、専門用語や英語を使った高尚なプレゼンテーションを薦めてはいません。クライアントに、より興味・好意を持ってもらえるようにするにはどうしたらよいかを学習するのです。MBAをきちんと習得した者なら、聴衆に不快な印象を与えるプレゼンテーションをしないように十分に意識するはずです。

公務員もＭＢＡ

大きな書店にいくと、独立開業関係の書棚にたくさんの本が並んでいます。公務員出身者も、成功事例の中で紹介されています。いまや、１円の資本金でも会社が作れるようになりました。しかし、失敗する人の方が多いのが実情です。ビジネスにリスクはつきものです。１００％成功する事業などという話はないでしょう。でも、ＭＢＡを取得して取り組んでいけば、防げる失敗はたくさんあるはずです。

一方、役所が関与した事業には、公式には失敗はほとんどありません。というよりも、失敗を公式に認めることはあまりありません。夕張市のように、どうしようもなくなってはじめて、「ごめんなさい」というのです。たとえば、利用率が低く、巨額の赤字を出し続けている最新設備のサッカー場でも、スポーツ振興や地域の活性化・イメージ向上に役立っていると説明できます。当初予測したよりも利用者が著しく少ない補助金やセミナー、ほとんど利用されない高額のハイテクの映像装置や検査機器等も、一定の社会的使命を果たしていると答弁することが可能です。

しかし、これらの施設のイニシャル・コストやランニング・コストを、他のより大切な行政課題に振り分けていたら、どれだけ住民の役に立ったことでしょうか。また、これらの施設の建設や購入をしなければ、現在及び将来の財政赤字を減らせたはずです。

ＭＢＡの考え方の中には、公務にも役立つものがたくさんあります。どうすれば成功するか、失敗を防げるか、限られた資源を効率的に配分できるか、ＭＢＡを活用して考えていきましょう。

登場人物

本書では、ＭＢＡで学ぶ内容をわかりやすく紹介するために、まず都庁を早期退職してラーメン屋を開業する大山課長に登場してもらいます（フィクションです）。思ったほど客が来ない大山のラーメン屋は、苦境に陥ります。この店の再生を支援するためにＭＢＡの神山が現れます。神山の提案・助言と、大山の疑問・反発のやり取りを通じて、ＭＢＡの理論や発想法を学んでいくこととします。

次に、都庁の新組織「チームＭＢＡ」のリーダーに抜擢された職員４名が、登場します（これもフィクションです）。外山は改革派のやり手部長で、チームのリーダーとなります。先山は若手管理職。英語が堪能なＭＢＡ取得者で、海外留学歴もあり、ＭＢＡを活かした都庁の抜本的改革に意欲的です。守山は、先山と同期で、主に官房系を歩んできました。着実・安全に仕事をこなすタイプで、前向きな発想をする先山と意見が合いません。佐山は、入庁3年目で、若い世代の意見や価値観を代弁します。

では、物語をはじめることにします。

2　挑戦 the ラーメン

車窓の風景

「あと5年か」。大山は、通勤電車の窓ガラスに映る自分の姿に気付いてつぶやいた。大山は55歳。都庁のX局Y事務所の課長である。通勤時間は片道1時間半。家を買ってから約20年、車窓の風景は少しずつ変化してきた。田園の中に、住宅やマンションが除々に増えてきた。一方、駅前の状況は思わしくない。バブル経済崩壊後、再開発が進まず、大きな空地が放置されたままだ。駅に隣接したスーパー・マーケットが撤退し、空ビルになったままの場所もいくつかある。大山は、駅前の停滞した風景に自分の姿が重なって見えるのが辛かった。

　入庁以来30年間、努力してきた。事業系の管理職として培ってきた実行力と、官房系にいた時に築いた人脈を持つ大山は、上司・部下から一目置かれる存在となっていた。仕事に対する粘り強さと温和な性格も、彼の強みである。しかし、なぜか昇任の機会に恵まれなかった。年齢と周囲の状況から判断すると、このまま事業所の課長で定年を迎える見込みだ。大山は、いまさらじたばたしても状況は変わらないことを理解していた。

大山は、単なる仕事人間ではなかった。彼が長年取り組んできたのはラーメン作りである。ラーメン・ブームといわれて久しい。テレビ番組、グルメ雑誌、タウン誌で、ラーメン屋に関する情報が大量に提供されている。本やテレビで紹介された行列のできるラーメン屋にも行くが、知られざる名店を見つけるのも、大山の密かな楽しみだった。彼は食べることに飽き足らず、自分でラーメンを作るようになった。職場の忘年会や福祉イベントで、ラーメンの模擬店を出した。彼のラーメン作りは都庁内で話題になり、庁内報でも紹介された。ラーメン作りは、大山のささやかな自己実現、自己主張の機会となった。

ある日、本屋で時間をつぶしていた大山は、ふとビジネス書のコーナーに目を向けた。そこには「起業」「独立」「成功」「ビジネス・チャンス」などのキーワードが踊る本が平積みされていた。「ゼロからの出発」「今からでもできる」「年収3千万円」の文字にひかれて、何冊かの本をめくった。成功事例の紹介は、実話に基づくものなので、説得力があった。大山は、啓示を受けた。「このままで終わりたくはない。俺にもできる。グルメ指向のラーメン屋だ！」

計画作り

しかし、大山は、考えた。公務員がラーメン屋をやって成功できるのか。自分の作るラーメンの味で、客を集められるのか。どこで店を開くのか、開業資金はいくらかかるのか。妻は開業に賛成してくれるか。大山は、自分なりの戦略を練ることにした。とりあえず、独立開業の本や雑誌を数冊買って、課題をチェックした。

成功談の中には、公務員出身者のものもあった。大山は、自信を深めた。公務員も忙しい。管理職となれば、ろくに休みもとれない。議会前や予算要求の時期には、休日出勤し深夜まで残業する。苦情対応では、筋の通らない話の繰り返しを延々と聞かなければならない。議会対応を誤ると、勤務評定に大きなダメージとなるので、細心の注意を払う。「休まず。働かず。けんかせず」「親方日の丸」などといっていられる職場も、依然としてあるかもしれない。こなせる仕事量は半人前以下、給料・年休消化率・不平不満は二人前という職員も、大きな顔をして生き残っている。しかし、自分は違う。民間企業並みの厳しい職場人生を歩んできたのだ。公務員でも、成功できる。

次に、ラーメンの味だ。職場の飲み会や地域のイベントでラーメンを提供してきたが、評判は上々だった。食材を吟味し、時間をかけて作っているのだから当然だろう。念のため、近所にも配って試食してもらったところ、絶賛された。大丈夫だ。

どこに店を開くか。大山は、ここからがマーケティングだと考えた。大山の家は、都心から電車で1時間程の新興住宅地にある。この地域には、なぜか、歩いていける距離にラーメン屋が1軒もない。数年前、チェーン店のラーメン屋ができたが、1年ももたずにつぶれてしまった。彼は、競争相手がいないことから、ビジネス・チャンスがあると判断した。大山は、地域住民においしいラーメンを食べる場を提供することが、社会貢献にもなると考えた。

開業資金は、店舗の立地条件、大きさ、購入か賃貸か、賃貸の場合の改装費用等で大きく異なる。成功事例を参考に、賃貸の店舗の改装費用及び当面の運転資金を含め最大2千万円とし、退職金をあてることにした。最後に、妻の同意だ。成功事例の多くは、夫婦円満を成功のカギとしている。これまでに検討してきたことをワープロで1枚にまとめ、事業計画書として妻に見せた。妻は、一晩考えたあとで同意してくれた。ただし、2千万円以上は使わないこと、退職金の残りは妻に渡すこと、妻は一切手伝わないことが条件だった。「同意した」というよりも、「やりたければどうぞ御勝手に」といったほうがいいかもしれない。とにかく、OKということだ。とりあえず、金の算段とラーメンの味はなんとかなりそうだ。

しかし、大山は、ふと不安になった。

職場で重要な意思決定をするときは、事前に部長の意向を探り、部下に指示して資料を集め、素案を作らせた。何人かで議論をして、関係部署に根回しをし、想定される反対意見や疑問点への回答を準備し、法令の規制等の見落としがないかを調べた。必要に応じ、関係省庁や他の自治体の状況の把握、議会の議事録のチェックも行った。その上で、最終判断は局長や部長に委ねていた。慎重に準備しても、局長、部長の一言の指摘で、差し戻しになることも珍しくない。関係部署を集めた検討会を作れなんて指示が出ると、意思決定は、1～数ヵ月先延ばしとなる。

これらの手続きは煩わしく時間がかかったが、基礎資料作りや最終判断の負担がなかった分、気が楽だった。しかも、期限が決まっていない課題なら、とりあえず月1回でも検討会を開催していれば、先延ばしができるし申し訳が立つ。上司も、その間は意思決定をする必要がないので、好都合なんだろう。

しかし、独立開業となると、自分が作成者で最終決定者だ。今回の決定の過程は、誰もチェックしていない。本当に大丈夫なのだろうか。決定を先延ばしたほうがいいだろうか。検討会のメンバーは……自分だけだ。

辞表の反響

大山は、区切りのよい3月末で退職することとし、12月末には部長と職場に伝えた。転職のハウツー本に「円満退職が成功のカギ」と書いてあったからだ。

部長は、「大山課長がいないと、うちの部は空回りしてしまうよ。あと2～3年力を貸してくれないか」とは言ったものの、すぐに「決心は固いんだろう。頑張ってくれ。応援するよ」と引導を渡された。大山は、もっと真剣に引き留められることを期待していたので、形だけの慰留に寂しさを感じた。

部下の言葉は、好意的なものだった。

「頑張ってください」

「課長のラーメンなら成功間違いなしですよ」

「店ができたら必ず行きます」

と賛辞を送ってくれた。大山はうれしかったが、また悲しくなった。どうして、誰も引き留めようとしないのだ。俺がいなくても大丈夫なのか。

退職を発表したら、急に暇になった。課長席の電話の鳴る回数がめっきり減った。大山を通さずに、部下の細山係長と他の課長が直接調整をするようになった。話をまとめてきた細山が、「いちおう伝えておくか」といった態度で事後報告をするようになった。都政新報を読む以外には、やることがない日もあった。

大山は、自分がいなくても職場が動くことを思い知らされ、情けなくなった。しかし、立場を逆にして、自分が細山係長だったら、やはり同じ行動をとるだろう。退職が決まっている課長は飛ばして他の課長と直接調整をする。他の課長もそのつもりで話を聞くだろう。そのほうが早いのだ。では、課長の役割は何だ。いなければいないで済むのか。いないほうが良いのか。いままでの努力と辛抱は、何だったんだ。

大山は、ビジネスコーナーで立ち読みした本に書いてあった、「組織のフラット化」という言葉を思い出した。こんな内容だったたと思う。

・大企業は、組織の階層が多くなりがちである。そのため、以下のような問題が生じる。

①顧客のニーズや現場の問題がトップまで伝わるのに時間がかかる。また、情報が加工され、時には歪められたりもみ消されたりして、正確な内容で伝わってこない。

②意思決定のための調整に、時間がかかりすぎる。

③結果として、迅速・正確な意思決定が困難となる。

・ＩＴ技術を活用することによって、資料作り、資料の伝達・共有化や分析は、簡易・迅速、時には自動的にできるようになった。その結果、トップが中間管理職を通さずに、ダイレクトに最新の状況を把握することが容易になった。電子メールで、トップと末端の社員が直接コミュニケートすることも可能だ。したがって、仲介・調整役としての中間管理職の役割は縮小している。

・以上の問題点の解決策として、中間管理職層を簡素化・廃止するとともに、一般職員にエンパワーメント（権限委譲）を実施する。

大山は、細山係長の行動を観察してみた。細山は、前よりも少しは忙しそうだが、残業が増えているわけではない。むしろ、生き生きと仕事に取り組み、優先順位をつけて、てきぱきと処理するようになった。部下の職員に対しては、積極的に指示、指導をするようになり、職員もなにかにつけ細山に相談・情報提供して、指示をあおぐようになった。

大山は、自問した。もし、一般職員が長期休職となった場合は、速やかに代替の職員またはアルバイトを確保する必要がある。その職員の作業を、誰かがカバーしなければ事務が滞ってしまうからだ。しかし、課長の場合はどうか。当面は係長や庶務担当課長等が代替できる。課長は、作業ではなく管理・調整をしているのだ。課長が協議先からはずれるだけで、むしろ早く決裁がまわることもある。今、この職場では、細山が課長の権限を事実上代行している。大山は権限委譲をした覚えはないが、周りが調整先は細山が妥当と考えて話をする。細山は、そつなくその職務をこなしている。そうすると、この職場は、組織のフラット化とエンパワーメントのモデルケース、しかも成功例になっているようだ。

思索にふけっていた大山は、部長がこちらの方を見て立ち止まったのに気付いた。あわてて席を立とうとすると、部長は言った。

「細山係長、ちょっといいかな?」

大山は、苦笑した。
「エンパワーメントだ……」

店の決定

「エンパワーメント」のおかげで毎日早く帰れるようになった。開業の準備に、十分な時間を充てることができるようになったのだ。大山は2つの大きな課題があると考えた。まず、店の場所を決めること、次に、商売に耐えられるグルメ志向のラーメンを開発することである。

店は、自宅のあるZ駅周辺の貸店舗を探すこととした。競合店がないし、近所の知り合いが来店してくれることも期待できる。バブル崩壊後、Z駅周辺にもいくつかの空き店舗があり、色あせたテナント募集中の看板が、何年もそのままである。場所を決める際には、市場調査という方法もあるが、専門家に調査委託するほどではないと思った。

大山は、実態調査のために妻を食事に誘い、ファミリーレストランでラーメンを注文した。大山の基準からすれば、満足できる味ではなかった。妻は、「ファミレスでラーメンを注文する人って、あまりいないんじゃないの」と言った。大山も、そう思った。ラーメンを食べたいなら、ラーメン屋や中華料理屋に行くものだ。同時に、疑問もわいた。もしも、ラーメンを注文する客があまりいないなら、なぜラーメンをメニューに入れているのか？

翌日は、バイキング形式のレストランに行った。お一人様男性２３００円、女性１９８０円だ。ラーメンは、半生麺を自分で10秒程ゆでる方式だった。味は、全く大山の競争相手ではない。大山は、この程度の味のラーメンを食べさせられている客がかわいそうだと思った。しかし、このラーメン・コーナーには、ゆでる順番を待つ人の列ができていた。

大山は、何件かの貸店舗をまわってみた末に、駅から歩いて３分程のところにある、３階建ての小さなテナント・ビルの１階を選んだ。そこは、数年前まで小さな居酒屋があったが、廃業したままとなっていた場所である。地元にある高校の通学路に面しており、住民だけでなく高校生の需要も見込めるかもしれない。既存の厨房や給排水設備を生かしながらリフォームすれば、予算内で十分まかなえそうだ。

うまさは資産

次に、ラーメンの開発である。昨今、グルメ系を標榜するラーメン店が、たくさん開業している。マスコミで紹介されれば、一夜にして行列のできるラーメン屋になれる。一方で、志高く開業しても、十分な客が来ないで廃業する負け組もたくさんいる。チェーン店系のラーメン屋は、品質管理・宣伝・信頼性・ブランド・イメージ・市場調査にノウハウがあり、安定した経営が期待できる。一方、個人のラーメン店にとっては、何か工夫がないと、苦戦は必至である。

大山は、確信している。

「うまいラーメンを作れば、必ず客が来る」

大山は、定評のあるラーメン屋をまわり、調理場をのぞき見して、味の秘密を探った。店の暇な時間を狙って訪ね、レシピやコツを聞き出そうとした。たいてい無視されるか怒られるかだった。

大山は、役所と民間の差を思い知らされた。縦割り主義、融通が利かない、意思決定過程での情報を住民に知らせないなどと批判される役所だが、自治体間の情報交換については、むしろ積極的だ。他の自治体の職員が問い合わせてくれれば、ノウハウを出し惜しみすることはない。

なぜか？　ひとつは、情報提供することが、自己の積極的な評価や自慢話につながるからだ。自治体によっては、視察を受けた回数をカウントしてマスコミに提供している。第二に、横並び意識だ。周りの自治体がやっているなら自分たちもやらないとまずい。この意識は、役人の体質というより、議会や住民の要求に起因しているともいえる。例えば、「県内８割の自治体で、乳幼児医療費助成を行っている。なぜ、わが○○町では実施しないのか」と追及される。予算要求や議会対策の資料作りの際、「他の自治体の動向」は重要な項目となる。担当者は、実施済みの自治体に電話をして、事業の問題点や課題を聞き出し、未実施の自治体に「おたくは、予定あるの？」と尋ねるのだ。第三に、情報提供しても、失うものはないからだ。ある先進自治体が、徴税率アップの秘策を他の自治体に提供しても、損をすることはない。

一方、民間では、情報やノウハウは、企業存続の資産である。外部提供したら、自分たちの売上が減る可能性がある。そこで、情報管理を徹底して防衛するのだ。他社のノウハウや情報がどうしても欲しければ、ライセンス料等の金を払うか、さまざまな方法、時には際どい手段を使って盗んだりするのである。

大山は、誠実にお願いするだけではノウハウが得られないことを悟った。そこで、店主の好みの地酒の銘柄を聞き出し、デパートや通信販売で入手してさりげなく渡した。何度か通ううちに味の秘訣をほのめかしてくれる人もいたが、食材や調理法の一般的な説明ではぐらかされることのほうが多かった。あとは、大山の試行錯誤で頑張るしかない。

大山は、他店のノウハウの入手に限界があるなら、食材で勝負だ、と考えた。市場に行き、産地・品質・天然もの・無農薬等にこだわった食材を探した。値段は通常の2倍～3倍以上する。大山は、最高の食材を使った醤油ラーメン一本に絞ることにした。それでこそグルメ系ラーメン店であり、自信のあるものを作れるはずだ。原価が高くなるが、やむをえない。大山は、成功事例の本に、「高価格がかえって客をひきつける」と書いてあったことを思い出した。大山は、考えを一部修正した。「うまいラーメンを作れば、高くても必ず客が来る」

開店準備

店舗の賃貸契約・改装の段取り・電気・ガス・水道の手続・備品や消耗品の購入等、やることはたくさんあった。パートの募集や、広告の手配もしなければならない。役所への届けも必要だ。一方、ラーメンの開発も手を抜けない。

「ラーメン店開業支援セミナー」に通うことも考えた。インターネットを検索すると、たくさんの講座がある。1～2週間の速成コースから、1ヵ月30万円なんていうのもある。フラ

ンチャイズに加入するなら、時には開業資金も含めて全てお膳立てをしてくれる。なかには、既に経営が軌道に乗っている繁盛店を用意して、「オーナーを募集します」という広告もある。ほとんどのサイトが、「未経験者でもできます」とうたっている。しかし、フランチャイズの傘下でロイヤリティ等を払い続けて営業する気はない。本社による管理や売上目標の指示が厳しく、オーナーといっても実態は雇われ店長のようだというケースもあるらしい。それに、自分は素人ではないのだから、未経験者と並んで研修を受けるのは不本意だ。大山は、セミナーの効果自体にも疑問があった。——素人が、少しばかり研修を受けたくらいで、

うまいラーメンを作れる訳ないんだ。

大山は、店のレイアウトを検討し、席数を少なめの20席とした。床面積から、30席の配置も可能だったが、小さな町でそんなに客が来るとは思えなかった。パート店員は、近所の主婦とフリーターの若者がすぐに応募してきた。メニューは醤油味の「こだわり関東ラーメン」800円のみとした。ただし、トッピングにチャーシュー、ワンタン等のオプションを用意し、客単価アップを図ることとした。一日平均100杯、客単価900円、月売上190万円で十分に採算が合うはずだ。営業時間は、午前11時から午後2時、午後5時から午後8時とし、土日祝日は休みにした。

開店から暗転へ

開店は、6月1日。1週間前に、新聞に割引券付きの折り込みチラシを入れた。パート店員を2日前から出勤させ、接客の基本や、厨房の作業等を教えた。

開業日。開店時間前から、数人の客が並んでいる。昼食時には、常に店の前に客の列があった。夕食時にも、席はほぼ埋まっていた。ラーメン作りは大山一人でやっていたので、客をかなり待たせることとなった。売上を計算してみると、200名、客単価850円（割引券使用後650円）、で、上々の滑り出しだ。大山は、再度コンセプトを改めた。「うまいラーメンを作れば、高くても待たされても客は来る」

翌日、状況は一転した。客が来ない。昼休みにも空席があった。夕方は、客がちらほらといった状態だ。その後も、状況は変わらなかった。出前の注文はコンスタントにあるものの、数が少ない。結局6月の売上は、一日平均50杯、客単価８５０円で、約90万円に留まった。赤字である。

夏を迎え、売上はさらに落ちた。客の要望を受けて、冷やし中華をメニューに加えた。冷やし中華は、想定外だった。大山は、再度軌道修正した。

「夏は、熱いこだわりラーメンよりも、冷やし中華が優先する」

冷やし中華には市販の業務用のスープを使用したため、味は特徴のないものになってしまった。ありきたりの冷やし中華が、本業のこだわりラーメンのイメージを損なうのではないかとの不安もあったが、やむをえない。

客数は減り続けた。割引券付きのチラシを再度新聞に折り込んだが、一時的に客が増えるだけに終わった。数人の固定客はいるものの、それ以外の客が少ない。大山は、成功談やハウツーものの本を読んで解決案を模索した。業務用の材料を購入すれば、メニューを増やすことは簡単だ。しかし、それでは普通のラーメン屋になってしまう。行き詰まった。

ジンザイ

大山は、都庁時代に世話になった先輩、横山の家を訪ねた。横山は、部長級で退職し現在は小さな外郭団体の理事に納まっている。

大山は、退職から現在の苦境に至るまでの経緯を語った。横山は、大山の話を、ときおり相槌を打ちながらじっと聞いてくれた。大山は、この誠実な態度が信望の厚い部長として、横山の評価を高めたのだと思った。話しているうちに大山は、次第に気持ちが楽になってきた。自分の話を親身になって聞いてくれる横山に心から感謝した。横山は、大山の話が終わるまでほとんど口を挟まなかった。一方的に話し続けていたことに気付いた大山は、軽く詫びるとともに、どうしたらよいか教示をお願いした。

横山は、酒を大山に注ぎながらおもむろに言った。

「今が辛抱のときだ。きちんとした仕事をやっていれば、客はそのうちに増えるものだ」

大山は、良い助言を得たと思い自信を取り戻した。その後はしばらくの間、都庁時代の思い出や、知人の近況報告等を肴に歓談した。大山は酒の勢いもあり、横山の家を後にしたときはすっかり元気になり、久しぶりに上機嫌で帰宅した。

しかし翌日、がらがらの店内を見ながら、また疑問が湧いてきた。本当に、「客はそのうち増えるものだ」ろうか。横山は、何の根拠も示さなかった。大山は、公務員時代に、機能を果たしていない施設、利用率の低い施設の維持管理に、毎年膨大な税金が費やされるのを見てきた。それでも、都庁という大きな財布で面倒を見ていれば、直接困る者はいない。施設の老朽化で廃止となるまで、誰も手をつけたがらない。しかし、大山のラーメン屋は違う。赤字は、大山自身が日々補填しなければならない。根拠もなしに「そのうち増えるものだ」などとのんびり構えていられる状況ではないのだ。

横山の能力に対する不信感が、大山の心の中で徐々に拡大してきた。都庁時代、困難な課題をかかえて相談にいくと、横山はよく話を聞いてくれた。怒鳴ったり、話も聞かずに一方的に命令したりする部長も少なくない中で、温厚な横山部長を悪くいう者はいなかった。しかし、冷静に振り返ってみると、横山が具体的に指示を出したことはほとんどなかった。多くの場合、持ち込んだ提案を承認しねぎらいの言葉をかけた。承認しない場合は、

「時期尚早かもしれないね」

「もう少し話し合ってみたらどうかな」

「この点について、関係課とよく詰めてくれないか」

などと言って問題を先送りしただけだった。

確かに、横山は「いい部長」との定評があった。しかし、横山は、部下にとって「都合のいい部長」に過ぎなかったのではないか。横山の下で働いていれば、無理な指示もなく、楽

に仕事ができる。難しい課題は先送りだ。なんとやりやすい部長だ。その反面、いなくてもいい存在、いや何もしないで部長級の給料をもらっている点では、負の存在かもしれない。

大山の記憶に、研修で聞いた講師の話が蘇った。組織には、4種類の「ジンザイ」があるとのことだ。

「人財」かけがえのない財産で、余人をもって代えがたし。
「人材」普通の人。材料のように、他の人でも取って代われる。
「人在」職場にいるだけの人。仕事をしていない。
「人罪」いること自体が、組織にマイナスとなる人。

そうすると、横山は、「人在」にすぎなかったのか。いや「人罪」か――

大山は、また、ビジネス誌などでよく引用される、人材スカウト会社のエピソードを思い出した。こんな話だった。

大企業の元部長が、自分の再就職先を求めて、人材スカウト会社を訪ねた。スカウト会社のスタッフは、その部長に聞いた。

「あなたは、何ができますか」

「部長ができます」

これでは、答えにならない。換言すれば、この部長を他社に斡旋することができない。自らの能力を売り込む具体的事実、例えば「国際金融関係で5年間働いた」「海外で現地法人立ち上げや市場開拓の経験がある」「クライアントと英語で交渉ができる」等が必要なのだ。

そこで、再質問した。

「どんな部長ができますか」

「よい部長ができます」

つまりこの部長は、対外的に能力・経験として、主張できるものを持っていなかったのだ。横山部長もこのタイプだ。都庁内部では、人脈と包容力で部長としてあがめられていても、退職して肩書をはずした実力の勝負となると、役に立たない。いまはやりの言葉でいえば、ニート（not in education, employment, or training）の一種といえるだろう。

大山は、横山に頼ったのが誤りだったことを悟った。横山は、都庁以外の世界では機能しないのだ。

蛸（たこ）で終わるか

10月になった。依然として、客が来ない。運転資金も減る一方だ。パートは一人を残して辞めてもらった。自慢のスープに使う蛸の足を切りながら、自分の将来を重ね合わせた。

――このまま、貯金を食いつぶしながら終わるのか。

大山は、孤独だった。誰も本気になって支えてくれる人がいない。都庁時代がなつかしい。みんなで支えあい、寄りかかりあって仕事をしてきた。成果にかかわらず、毎月同額の給料が入って来た。困難な課題があっても、何か理由をつけて先送りすることも出来た。懸案事項を他の部署に押し付けることができれば、上司や部下から調整能力のある課長として評価された。今の自分と比べると、全く気楽なものだった。

大山は、成功談の本を物色するが、素直に頭の中に入ってこない。逆に、失敗談を紹介する週刊誌の記事に目が向くようになった。「起業にひそむワナ」「成功率100分の1以下」「開業残酷物語」等の見出しに惹かれてページをめくると、思わずそのとおりだと納得してしまった。大山は、自分の心理状態がマイナス志向になっていることを感じた。横山には失望したので、もう公務員時代の知り合いに相談する気はない。しかし、都庁以外には、頼りになる人脈や友人はいない。

――どうしたらいいんだ。

3 誤報は踊る

地域独占企業

行政批判や公務員バッシングは、洋の東西や時代を問わない。非効率、時代遅れ、無駄づかい、融通が利かない、怠惰、処理が遅いといった非難が繰り返されている。状況は少しずつ改善されてはいるものの、依然として住民の批判に応えられるレベルには達していない。それでも、行政は存続している。地方自治体は、「地域独占企業」なのだ。

都庁は、日本最大の地域独占企業だ。一般会計予算は6・6兆円（平成19年度当初。特別会計等を含めると13兆円）、一般行政部門の職員は2万人（平成18年4月1日現在。他に教育・警察・消防の13万人、公営企業2万人を含めると17万人）の巨大な組織である。東京の動きは、なにかにつけて注目され報道される。なんといっても、東京都は、人口、資金力、政治的・経済的・社会的影響力で、ナンバー1なのだ。

民間でも、特定企業が優越的な地位を維持し続けた場合、役所と同様の問題を抱えやすい。ナショナル・フラッグとして君臨してきた日本航空は、長年の独占的状況に安住した高コスト体質から抜け出せず、巨額の赤字を抱えている。さらに、運航トラブルの連続や内部抗争で、国民からの信頼を大きく損なうこととなった。改善計画を策定したトップは、社員の「なんとかなるさ」という気持ちを改めることが大きな課題であると率直に認めている。

第三セクターは、天下りの受け皿で外部のチェックが働きにくいこと、特定の分野でしばしば独占的、優先的な地位を認められていること、赤字でも行政が補填してくれることから、無駄づかい、非効率の温床となっている。かつての国鉄や郵政事業も、この類だ。

外部の血

このような組織では、もはや内部の人材による刷新は期待できない、ということにもなる。そこで、外部出身者をトップに迎えての改革が行われつつある。

東京都でも、役所の論理や政党のしがらみを超えて、思い切った改革をしてくれるのではないかという期待を集めて、ここ数期、役人出身ではない知事が相次いで選出されるようになった。

これらの知事は、役人出身者ではできない政策判断を行い実行した。「世界都市博覧会」の中止、外形標準課税の導入、ディーゼル車規制の強化等がそれである。前任の役人出身の手堅い知事の治世からの大転換である。それまで、都庁の官僚主義に閉塞感を持っていた職員の中には、新鮮で開放的な印象を受けた者も多かった。末端の職場の意見や提案が上層部の耳に入り、実現される機会が増えた。新しい知事の判断や指示は、直感的で、実現可能性や妥当性に疑問のあるものもあったが、「正しいことだ」「とにかくやるんだ」という明快さは、有権者にわかりやすかった。また、意思決定から実現までのスピードアップにもつながった。それ以前と比較すれば、職員のモラールは、総体的には向上したといえるかもしれない。少なくとも、職員に、改革・変化・スピードの意識を植え付けたことは、評価に値する。

スクープ

「当局は何を考えているんだ！」

都庁の組合本部事務所で、組合職員が、P新聞のコピーを手に憤慨していた。そこには「職員定数3割カット」「管理職は半減」「○○局廃止」「リストラ指揮に米国CEO」など、ラディカルな文字があった。各局の幹部が情報を求めて続々と集まって来て、事務所全体が騒然とした状態だ。

P新聞の東京地域面には、「都庁MBA＝民間経営のノウハウを導入」という大きなヘッドラインがあった。都庁がMBAのノウハウの導入を検討しており、経営学や行政改革の権威で、国の各種審議会の座長も務める深山教授が助言しているとのことだ。それに続いて、深山教授のコメントとして、外部のブレーンとの協働、職員3割削減、○○局廃止等による組織再編と管理職半減、米国企業のCEO登用、民間機関による成果の評価などの具体的内容が示されていた。

組合委員長の平山にとっても、寝耳に水の出来事だった。当局が、またしても労働強化、勤務評価による締め付けを画策しているのではないか。各職場でも、仕事そっちのけで情報収集に電話をかけまくる職員がいたりして、落ち着かない。推測に基づく話が、尾ひれを付けて庁舎中に広がった。どのうわさも、職員にとっては悲観的な内容である。

当局でも、同じ記事への対応に追われていた。「都庁は導入を検討している」とぼかして書いてある以上、記事に歪曲があるとはいえない。しかし、見出しの表現と、著名な深山教授のコメントがついた記事は、都庁がコメントに基づいて具体的に動き出すように読み取れる。

誰が火元なのか。事実関係はどうなんだ。何よりも、知事にどのように説明するか。既に、組合から当局に対して、説明要求書が出された。新宿周辺の書店では、MBA関連の本が売り切れになった。都庁が動く時は、山が動くような影響力があるのだ。

組合もMBA?

話は、早朝に戻る。

5時に組合委員長平山の自宅の電話が鳴った。組合事務局の職員からだった。

「委員長ですか。P新聞に都庁の記事が載っていたのでお知らせしようと思って。大変な内容です。まだ新聞が配達されてないなら、ファックスで送りましょう」

送られてきた記事を見た平山は、驚いた。

――とにかく当局に説明要求だ。ところで、MBAってリストラもやるんだったかな?

平山は、MBAがどんなもので、今回の記事のどの部分に関係するのかわからないと、当局とはわたり合えないと考えた。『現代用語の基礎知識』や『知恵蔵』にあたったが、簡単な解説だけだった。近所の知り合いの本屋を起こし、事情を話してMBAの入門書を売ってもらった。6時だ。あと2時間は読める。もう組合事務所に誰か来ているかも知れない。タクシーで行こう。平山は慌しい展開に、自分がトップ・エグゼクティブでもなったような気分だった。

平山は、最初の50ページを快調に読んだ。マーケティングの部分はわかりやすい。しかし、経済学、会計学になると急に難しくなる。時間が限られている。飛ばし読みするしかない。ITは、基礎知識がないとお手上げだ。次に、組織管理、人事管理の部分に入ると、また頭が回転してきた。一般の人にとって興味の薄い内容かもしれないが、委員長という立場上参考になった。クリティカル・シンキングや、ロジカル・シンキングは、昔、職員研修で似たようなことをやったので、なんとなくわかったような気がした。

一般に、入門書は、導入部分についてはわかりやすく興味を引くように工夫されている。しかし、読むにつれ、わからなくなることが多い。なぜか。著者が、教えたいこと、言いたいことを書くからだ。つまり、読者にわかってもらおうという姿勢ではなく、伝えたいことをあれもこれもと詰め込んだり、ビギナーである読者の理解度や知識を超えたレベルの内容となったりするからだ。著者の思い入れが前面に出て、著者の得意分野に偏った内容となることもある。

平山は考えた。――まあ、MBAの中では、コスト・ダウン、効率的な組織、職員の活性化とかが関係するな。記事が事実だとすると、MBAという見出しだが、言葉を変えた合理化やリストラを考えていることになる。中間管理職が、ターゲットにされている。組織のフラット化というヤツか。

次に、平山は、当面の対応を検討した。今読んだばかりの本の印象が生々しく頭に残っているので、MBAの視点ではどうなるか考えてみた。組合委員長の立場でのキーワードは、「顧客のニーズ」「危機管理」「トップの決断」だ。

組合は、組合員の団体だ。組合員一人ひとりも、努力し行動しなければならない。とはいえ、組合執行部・事務局は、組合員の権利擁護・向上のために設置されている。顧客は組合員なのだ。今回の記事に関連する組合員のニーズは、事実確認である。それが事実の場合は、説明要求、反対運動、条件闘争という展開だ。ニーズの充足が、最優先だ。

記事の内容は、職員にとって重大な危機だ。職員は、また過激なリストラ計画の打ち上げだと思うだろう。しょうがないという無力感、失職や収入・待遇の悪化への不安がかきたてられる。職員が頼れるのは、組合だけだ。力が落ちているとはいえ、唯一の交渉団体なのだ。この危機を、組合再生の機会ととらえよう。この危機にいかに迅速に対応し、職員の信頼を勝ち取るかがカギだ。

危機に的確に対応するためには、トップの迅速かつ明確な決断が重要だ。例えば、阪神・淡路大震災の際、セブン・イレブンの社長は、動きの遅い行政に先立ち、即座に救援物資の配送を指示した。また、どれだけの量の救援物資を送るかを数字で指示した。危機の際に動揺している部下が、それぞれの判断で適宜行動することを期待してはいけない。「救援物資を送れ」では部下は動きにくい。どの程度送るべきか、判断に迷うのだ。

平山は、もし今朝ＭＢＡの本を読まなかったら、自分を主語にした視点でしか考えられなかったことに気づいた。当局への抗議行動の準備や、反主流派からの突き上げへの対応を第一にして、顧客である組合員への配慮が二の次になっていたかもしれない。平山は、ＭＢＡの発想が組合活動にも活用できることを、自ら体験できたと感じた。ＭＢＡについては、職員いじめとなるような部分以外は、今後の組合活動にも役に立ちそうだ。

組合先行

組合としては、とにかく事実確認のために行動を起こさなければならない。対応が遅れると、職員からの信頼を失うこととなる。

委員長の平山は、組合事務所に集まっている幹部に呼びかけた。

「今日の報道については、すでに、当局に説明するよう申し入れています。先方も、今回の記事への対応で混乱しているようですが、至急回答するよう念を押してあります。内容が重大なので、公式に質問状も提出します」

記事の中で、「いらない局」と名指しで報道された○○局支部長は、必死だった。

「職場は、この記事で大揺れだ。本当にすぐに対応をお願いしますよ。職員は疑心暗鬼になって、この私にまで『知っていたんだろう?』と聞く始末ですよ」

非主流派の幹部は、早速同調した。

「そうだ。火のないところに煙が立つはずない。当局は、密かにそのような計画を練っているんじゃないか。それとも人事部の独走なのか？　知事の独断か？　とにかく、とても職員に説明できませんよ」

幹部の動揺を抑えて求心力を保つのも、委員長の仕事だ。

「委員長の私にも、本当に初耳の内容です。ガセネタの可能性もありますので、抗議文や抗議行動は、まだ時期尚早です。職場には、『当局に緊急に説明を要求している。結果は、速やかに伝える』という内容のチラシを配って、動揺を鎮めましょう。当局や管理職よりも先に、組合が職員にアプローチすることが大切です」

他局の幹部が、納得して職場に戻る中で、○○局支部長は、残っていた。

「こんな状況では、局に戻れませんよ。結果がわかるまで、ここにいます」

平山は、冷静に声をかけた。

「支部長が不在だと、情報のない職員はもっと動揺するでしょう。既に、流言飛語が飛び交っているようです。分会長たちも、職員を前にして辛い立場でしょう。結果は真っ先に伝えますから、職場を抑えて下さい」

「でも、手ぶらで戻るなんてかっこ悪くて……」

もしも、平山がMBAの本を読んでいなかったら、「このバカ！　おまえは、支部長の器じゃない！」と怒鳴ったかもしれない。しかし平山は、別の視点から考えた。途方に暮れている支部長を動かすためには、何をしたらよいのか。

「私だったら、分会長たちと一緒に、局内の全職場を回るな。そして、携帯電話を掲げて、『状況を至急確認中。委員長からは、この携帯電話に真っ先に結果を伝えるという確約をとってある』と伝えて、動揺を鎮める。管理職も、組合が職場を回って説明してくれれば、自分は説明しなくて済むから助かる。情報を持っていない管理職を含め、職場をあげて私たちの話に耳を傾けるにちがいない。当局の説明よりも組合の説明の方が早ければ、支部長や組合への信頼を高めるチャンスじゃないか」

支部長は、すぐに平山の話に納得して、職場に走っていった。支部長に推されるだけのことはあり、誤りを改める度量と理解力・行動力はあったのだ。平山は、ホッとした。そして、MBAの効用を再認識した。

OJT

今回の混乱を、冷静な目で眺めていた職員がいた。35歳の若手管理職先山である。先山は、都庁入庁前にアメリカに留学して、MBAを取得していた。意欲・実行力に溢れる性格で、同僚から「間違って都庁に入った」とよく言われる。彼女は、事業系の職場を異動先として希望した。事業課では、事業の見直しや事務改善を実現した数々の実績があり、局内外から高い評価を得ている。

職員の中には、率直に発言する彼女に反感を持っている者も少なくなかった。アメリカ帰りで英語が堪能、そして女性管理職であることへの反発もある。しかし、今日は違った。部下が先山の席を囲んで集まってきた。今回の騒動がＭＢＡに端を発することから、彼女の話を聞きたいのだ。先山は悪い気持ちはしない。ＭＢＡについての、ＯＪＴ（職場内研修）のよい機会でもある。

「そうね。まず、今回の騒ぎの原因は、誰かがＭＢＡ導入という検討段階の情報を不用意に出してしまったことです」

「あのぉ、ＭＢＡって何を勉強するんですか。効果的なマーケティングやコマーシャルみたいなものですか？」

「マーケティングは、ＭＢＡの花形ね。でも、ＭＢＡを取るためには、都庁でいえば、人事、財務、広報公聴、企画、情報システム、監査、出納長室の仕事とか、いろいろなことを勉強するのよ」

「じゃあ、定数削減とかリストラもやるんだ」

「定数削減は一つの手段よ。でも、ＭＢＡではもっと長期的視点に立って、企業経営を考えるんです。そして、企業の継続的で健全な経営のために、ベストの方法として何がよいかを選択するのです。短期的なコスト削減のみにとらわれて、『金がないから人を切れ』と考えるようではだめね」

「で、今回の騒動をＭＢＡの課長から見るとどうなんですか」

「みんな、今日は新聞記者みたいね。さっき言いかけたように、情報管理のミスがこの混乱を招いたようです。今回の事件に関連するＭＢＡの科目は、企業の情報管理、広報、ロジカル・シンキングです」

職員たちは、聞き役になった。

「民間では、新製品開発等の情報の適正な管理は死活問題です。企業イメージ、ブランド・イメージは、売上に大きな影響を及ぼしますので、広報活動は重要です。今回情報を漏らした職員は、もし論理的に考えていれば、結果を予測し混乱を避けられた可能性が大きい。言いかえれば、論理的思考能力が十分ではなかったということです」

「じゃあ、混乱は情報を漏洩した職員の不注意か能力不足によるということですか」

「その可能性が大きいと思います。新聞記事を見ると、深山教授の発言はありますが、東京都の見解は『導入を検討』とのみ記載され、具体的記述はありません。そうすると、記者は東京都からは具体的情報は得ておらず、教授への取材に頼っていることになります。つまり、

①記者が、東京都職員の誰かに取材した。

②その職員は、ＭＢＡの導入が検討中であること、深山教授が関係していることを告げた。
③記者は具体的情報を求めて教授に取材した。

という経過が推定されます。

記者がより詳細な情報を求めて教授に取材すること、教授が自説を述べること、それが組み合わさって記事になることは容易に予想できたはずです。したがって、教授の名前を記者に告げたことが、その職員の決定的なミスになります。もしも、記者が教授にアプローチできなければ、記事にはならなかったでしょう」

「でもその職員は、都の事業については、何も語っていないようですよね。記者の記事の書き方や、読者の勝手な思い込みのほうが責められるべきじゃないですか」

「よい指摘です。つまり、『その職員は、具体的には何も言っていないのに、読者が勝手に言っているかのような印象を持った。だから、間違っているのは読者だ』ということですね。ではこんな例はどうでしょうか。

ある住宅メーカーが、『家は女の城』をキャッチ・コピーとして、女性が広いキッチンで楽しそうに料理を作っているＣＭを放映したところ、女性・人権団体等から『女は家庭にいるのが幸せなんだ』というイメージの押し付けが男女差別に繋がると批判され、大きな反響を引き起こした。そのＣＭは結局とりやめになった。

このＣＭの中に、具体的な差別的発言はありません。でも、差別というイメージで受け止める視聴者がいました。そして、女性・人権団体等の批判がマスコミに報道され、一定割合の国民も、『そう言われれば、差別かな』と認識するようになったのです。この住宅会社が、『間違っているのは視聴者だ』と主張することは無意味です。なぜなら、ＣＭを評価するのは、スポンサーではなく視聴者だからです。たとえ、本来の意図と異なっていたとしても、視聴者が不愉快だと判断したら、そのＣＭは失敗なのです。マーケティングの世界では、企業が伝えたい内容をブランド・アイデンティティ、顧客が持つ印象をブランド・イメージといいます。このブランド・アイデンティティとブランド・イメージが乖離してしまうと、その商品の売上は期待できません。私たち公務員も、マスコミの取材や情報発信には、慎重に対応しなければならないのです」

集まっている職員は、理屈ではわかったが、感覚的にしっくりこないようだった。先山は、やや内容が難しすぎたかなと反省した。わかりやすくしめくくろう。

「ポイントは、自分ではなくて、お客様を主語に置いて考えることです。お客様がどう認識するかを念頭に置いて仕事をしないと、今回のような混乱につながるということです」

真相判明

次第に事実関係が判明してきた。当局から深山教授に確認したところ、P新聞の新山という記者が、官房系のある部長から話を聞いたと言って飛び込みで取材に来たので、個人的意見を述べただけとのこと。MBA導入については、一度研修担当の職員が来た際に、助言した程度とのことだった。

当局は、記事については都の見解や構想ではないこと、内部でも一切そのような検討はしていないこと、MBAについては、研修メニューにいれることは検討しているが、それ以上については一切未定であることを対外的に説明し、組合にも同趣旨の回答をした。

知事への報告については、慎重に検討した。その結果、ガセネタであること、地方面に掲載されたにすぎないこと、あえて知事を煩わせる程の重要性はないことから、報告しないことにした。報告すると、また何か指示や叱責があるのではないかとの危惧が本音の理由だったが、誰もそれを口にはしない。当局は、これでとりあえず収束すると思った。

その後の調査で、事の真相が明らかになった。一連の経緯は、以下のようなものだった。

事務レベルで、政策決定や職員研修にMBAの発想をとりいれようという案の検討が進められていた。具体的に何をするかは、全く未定だった。職員研修のメニューに取り入れる、普及啓発用パンフレットを係長以上に配布する等の案が出されていたが、それ以上は詰めていなかった。しかし、マスコミがその情報を入手し、想定外の内容で派手に報道してしまったのだ。

ある日、P新聞のベテラン記者・新山が、都主催のイベントを取材していた。新山は、そこで知り合いの下山部長に出会い、立ち話を始めた。下山は現在、人材育成等を担当している。新山は、さりげなく切り出した。

「最近の都政には、計画性がない、ビジョンといったものが見えない、という批判をよく聞きますが、どうなんでしょうかね」

「そんなことはない。われわれ事務方が先を見て、問題点を丁寧につぶしながら、知事を支えているんだ。君だって、我々の苦労は承知だろう」

「失礼しました。ただ、銀行設立にしろ、オリンピック招致にしろ、野党が批判している新規の文化事業にしろ、何か知事の思いつきに事務方がひきずられているような……つまり、都政全体を、どのようにしていくかという構想がないような……」

「基本計画は作成したよ。それよりも、構想とか計画とかの本を作ればいいというもんじゃないだろう。必要なのは、経営感覚だよ」

「行政に経営感覚ですか。よく聞くフレーズですな。でも結局、掛け声だけなんだ」

記者の挑発的な表現に、下山はカチンときた。しかし、真実をついている。「経営感覚」なんて言葉を出すんじゃなかった。しかし、マスコミ相手に感情的になってはいけない。不用意な言葉を口走ってしまう恐れがあるし、相手の印象を悪くする。しかし、言われっぱなしというのも、面白くない。どこかで「掛け声だけの経営感覚」「具体策のない人材育成」なんて書かれたら、逆に犯人探しで自分に火の粉が飛んでくるかもしれない。

下山は、現在検討中の、MBAの活用を思い出した。ここで、「MBAの発想を都庁が導入」という情報を提供しておいたほうが、新山に「都庁の人材育成に対する積極的取り組み」といった印象を植え付けることができる。自分の保身にもなる。具体的には何も決まっていないんだ。記事にできるレベルではないから大丈夫だ。新山も、情報を得られて喜ぶだろう。

「実は、まだ検討段階なんだが、MBAの発想を都庁職員に植えつけるという計画があるんだ」

「MBAって、あのエリート・ビジネスマンが取る資格ですか」

「うん。もちろん職員に資格をとらせるのが目的ではない。その発想法を学んで、都庁の経営に生かしていくんだ」

「それって、面白そうですね。具体的に何をやるんですか」

「本当にまだ検討段階なんだ。ある程度方針が見えたら情報提供するよ」

「誰か、学経（学識経験者）とかが付くんですか」

「それも、決まっていない」

「でも、都庁にＭＢＡのノウハウを持っている職員はほとんどいないんじゃないですか。誰かから、アドバイスをもらうっていうのが自然ですよね」

「まあ、Ｑ大学の深山先生から、アドバイスをもらったことはある。でも、先生は有名だから忙しすぎて……都庁の人材育成の面倒を見るのは無理だろう。だから、何も決まっていないんだ」

下山はＭＢＡの話題をそれでおしまいにしたかった。新山も深追いはしなかった。

新山は、考えた。

「この部長は、これ以上話さないだろう。しかし、あの有名な深山教授が関係しているなら記事になる。あたってみよう」

新山は、早速深山教授に取材した。深山は、最初は取材に戸惑った様子だった。１回だけ、都庁の研修担当職員からＭＢＡの導入について意見を求められただけだったからだ。

「下山部長から、ＭＢＡの導入について先生に相談されていると伺いまして、おじゃましました。そこで、企業経営の権威でいらっしゃる先生の御見識として、都庁に導入するヒントというか、お知恵とか御提言があれば、お聞かせいただけませんでしょうか」

深山は、思いつくままにしゃべった。

「うーん。そうだな。まず、職員の意識改革だ。次に戦略作り、組織の再編・フラット化だ。

職員数は3割は減らせる。局の数もまだまだ多すぎる。○○局なんか、いらないですよ。それに組織の簡素化を進めれば、部課長を半減できる。役人だけでリストラ計画を作っても、ありきたりのものになってしまう。思い切って、アメリカの企業リストラで実績をあげてきた、JMモーターズの元CEO、Gさんに任せたらどうかな。彼ならやってくれるよ。それから、評価だ。これも、外部の血だ。役人にやらせると、『よくできました。これからもがんばります』的なものしかできない」

「ありがとうございました。先生の、示唆に富んだご提言を記事にさせていただければと存じます」

「うん。だけどね、都庁では、まだ具体的な話はほとんど決まってないようだ。そこのところは押さえておいてね」

収束から反転へ

「当局は関知せず」の発表で、今回の混乱は収束するかに見えた。しかし、事態は逆の方向に展開していった。知事が、記事に目を付けたのだ。担当局長が呼び出された。局長は、考えつく限りの想定問答を頭の中で繰り返した。知事は怒っているのか喜んでいるのか、MBA取得のための留学生を送り出せとでも言い出すのだろうか。

知事は、機嫌が良かった。

「あの記事だが、いいところに目をつけたね。MBAの導入だよ。和魂洋才だ。でも深山さんの話は、まあ思いつきだな。気にするな。私も都庁職員の意識改革には檄を飛ばしてきたが、なかなか思い通りにはいかないね。とにかく、壁を突き破るためにMBAでどんどんやって下さい。知事直属の組織を作って、若手で力のある部課長を配属して、組織改革も含めて思い切ったことをやらせるんだ。金と物は要求があればなんでも手配してやってくれ。報告は私に直接、毎月1回かな。いつから始められる？」

突然のことに、局長はとまどった。しかし「持ち帰って検討」と言っても納得してくれないだろう。即答だ。

「そうですね。知事の眼鏡にかなう優秀な人材を探しますので、発足まで、3ヵ月位いただけますでしょうか」

我ながら、うまい回答だと思った。時間のかかる理由を、相手のせいにするのだ。

「民間で新しいプロジェクトを組むとき、3ヵ月先なんてのん気なこと言ってないよ。まあいい。2週間と言いたいところだが、今日から1ヵ月後に、あいさつに来させてください」

知事室を出た局長は、大きなため息をついた。しかし、すぐに行動を起こさなければ。

パート2　導入編

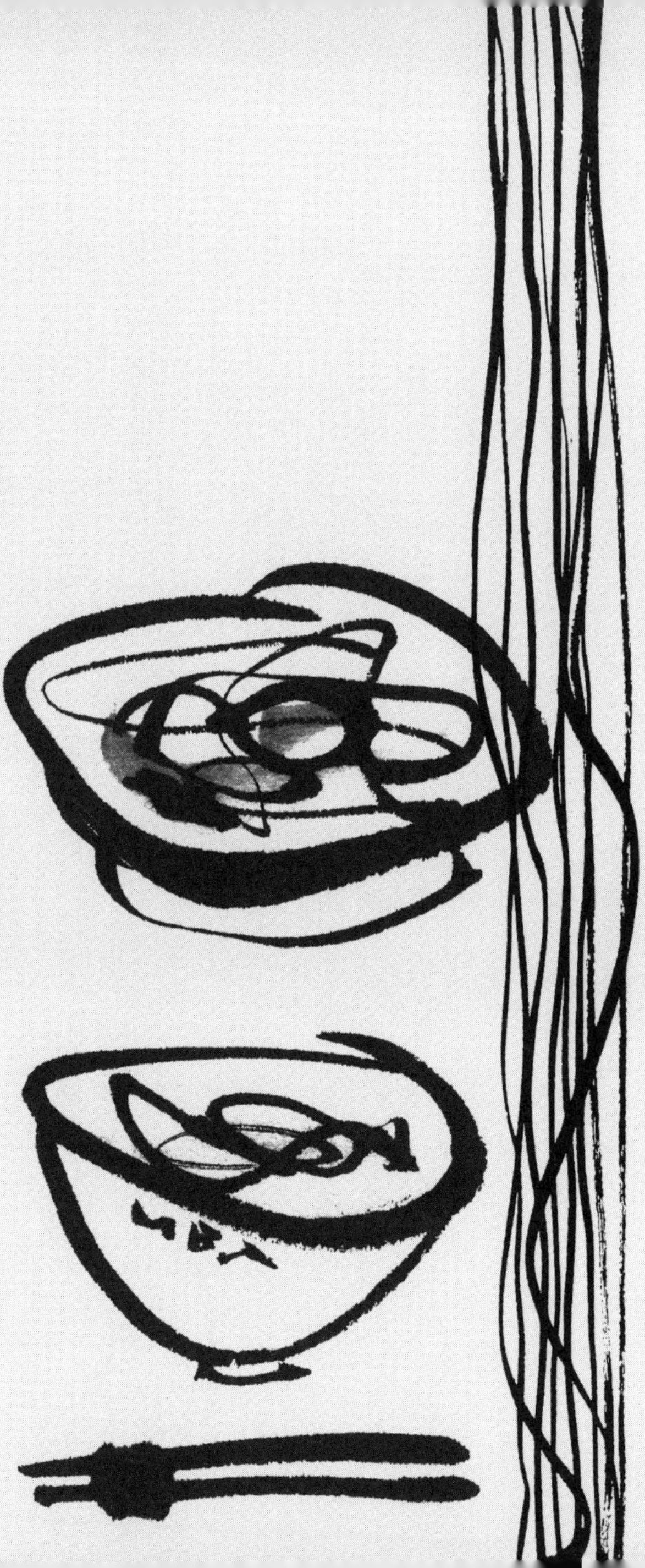

4　ラーメン屋の迷走

クラス会

大山のラーメン店の話に戻る。

ある日、大山に、高校のクラス会の通知が来た。参加者は年々減ってきて、近頃は10人前後だ。思えば、バブル経済のころがピークだった。景気のいい会社に勤めているヤツの鼻息は荒かった。残業が毎月１００時間を超えるだの、ボーナスが数百万円だのというと、俺も俺もという声があがった。それが、いまはめっきりだ。来なくなった仲間の中には、リストラや倒産の憂き目にあった者もいた。

今度は、大山自身が厳しい状況にある。とても行く気になれない。しかし、行かないと負け犬であることを認めたようなので、あえて参加した。起業の本に、ポジティブ思考や異業種交流が大切だと書いてあった。何かいい情報が得られるかもしれない。

最近の話題の中心は、退職後の再就職や年金・保険だ。病気の話も盛り上がる。こんな話を肴に酒を飲んでいるようでは情けないが、しょうがない。大山は、公務員であることから、年金や健康保険について尋ねられることが多い。しかし、福祉の分野は全く担当したことがないし、聞きかじった知識を伝えて、あとで、給付を受けられなかった、申請期限に間に合わなかったなんて言われても困る。もっと迷惑なのは、「わからない」と答えると、担当者を紹介してくれと言われることだ。もちろん、知り合いはいないことにして断っている。相手がクラス会の仲間だから納得してもらえるが、そうでなかったら、「縦割り」だの「不親切」だのと、公務員バッシングの材料にされるかもしれない。

クラス会で、大山は意識して明るく振る舞った。ラーメン屋を開業したこと、苦戦していることを正直に話した。みんなが、励ましの言葉をかけてくれた。その中で、ただ一人冷めた目で眺めている男がいた。神山だった。理論家肌で率直にものをいう彼は、周囲から反発を受けることがよくあった。しかし、彼の説明や判断は筋が通っていたので、反論できる者がいなかった。何かわからないことを神山に聞くと、喜んで解説したり調べたりするので、クラスの中で独特の存在感を保っていた。今は、小さなコンサルタント会社を経営しているという。

大山は、神山にビールを注ぎながら、「おまえなら、なにかいい知恵があるだろう」と持ち上げた。

神山は、ただひと言、答えた。

「つぶれるな」

周囲が一瞬静かになった。露骨な指摘だった。周りの者は、もめごとが起きることへの不安と期待を抱きながら、聞き耳を立てた。

「どんなことでもいいんだ。なにかアドバイスをしてくれないかな」

「『どんなことでもいい』？　お前が、そんな安易な気持ちで開業するからつぶれるんだよ。経営というものは、もっと全力投球で頑張るものなんだ」

「俺だって全力投球だ。どれだけ……」

「まあ聞け。おまえには戦略がない。ただ趣味を事業にできると勘違いしただけだ」

「じゃあ戦略というものを聞かせていただこうか」

「いいだろう。ただし、俺もそれなりの金と時間を使ってＭＢＡの資格を取って、コンサルタント会社を経営してきた。そのノウハウを提供するんだ。もしも本気なら、後でメールをくれ」

神山の差し出した名刺には、㈱神山コンサルタント社長の文字があった。

2000分の50

大山は、不思議な気持ちだった。神山の露骨な指摘と見下したような言葉遣いに反発は感じなかった。むしろ、なにか涼やかな印象を受けたのだ。そうだ。神山の言葉が真実なのだ。今は、神山だけが頼りに思えた。翌日、大山は神山にメールを送り、ぜひ経営立て直しを支援して欲しいこと、それに見合った報酬を支払う用意があることを伝えた。神山からはすぐに返信が来た。そこには、昨日の失礼な態度について申し訳なく思っていること、経営支援に協力すること、報酬は半年間で50万円であることが記載されていた。

50万円に見合う効果があるだろうか。しかし、このままではつぶれるのは時間の問題だ。50万円で２０００万円の事業を回復できるなら、やるしかない。

心をひらく

神山は、まず、大山がどれだけ自分を信頼しているかを確認する必要があると考えた。クライアントとコンサルタントの信頼関係の度合いが、結果に大きな影響を与える。まずコーチング法で対応することにした。クライアントの気持ちをできる限り聞き出し、クライアント自身の中から解決策を導く方法だ。聞き役に徹することがポイントで、評価、判断や指示は控える。大山は、語った。都庁時代の境遇・開業までの経緯・ラーメンを通じての社会貢献・努力・行き詰まりを、自分にも言い聞かせるように回想した。１時間位たっただろうか。話が尽きたところで神山は、初めて発言した。

「それで、おまえはどうしたいんだ」

「この店を再建したい。少しでもいいから利益の出る経営をしたい」

「利益の出る経営だね。そのためには、どうすればいいんだろうか」

「経営の見直しが必要なのはわかっているが、どうしたらいいかわからないんだ」

「『どうしたらいいかわからない』、そういうときには、どういう対応が考えられるだろうか」

「知恵を借りる。そのために、おまえに金を払っているんじゃないか」

「そうだな。知恵を出すために、おまえから金をもらっているんだ。では、その知恵を再建に活かしていくためには、どうしたらよいだろうか」

「とにかく、おまえのいうとおりにやってみるよ」

厨房からの脱出

神山は、大山から十分な信頼を得ていると判断して、次のステップに入った。

「ラーメンが売れない。なぜか、考えたことがあるか」

「考えてもわからないんだ。味には自信がある。このあたりにはラーメン屋はないのに、なぜ客が来ないいんだ」

「もしも本当に需要がないなら、店をたたんだほうがいいと思うよ。でも、ラーメンは外食の定番だ。住宅地の真ん中で、ラーメンの需要がないとはいえないだろう。このあたりの住民は何を食べているのか、何を食べたがっているかを考えてみたことはあるか」

「そこまではちょっと……。でも、うまいラーメンを作れば客は自然に集まると思ったんだ」

「たしかに、よい製品を提供することは大切だ。しかし、その発想は、製品を出発点にして考えている。マーケティングでは、顧客のニーズから出発するんだ。『いいものを作ったから来てくれ』というのでは、顧客のニーズに合致しているとは限らないので、失敗することもある。たとえば、この町で、最高級フランス料理お一人様2万円コースなんていう店がやっていけると思うか」

「……」

「お客様の欲求を出発点として、『お客様の求めているものを作りました』という発想が大切なんだ」

大山は、うなずいた。

「では厨房から出て、お客様のニーズを探ることから始めよう」

大きな潮流を見る

神山は、手順を説明した。「まず、広く社会情勢の把握からだ。二人の知識を出し合おう。

次に、この店の周囲の市場調査だ。どうやって調べるかは、費用対効果比も考えながら決めていこう」

社会情勢については、次のような項目があがった。

社会環境

①少子高齢化（子供の減少、未婚・晩婚の増加、高齢者の増加）
②働く女性の増加
③若年層のニート化
④団塊の世代の退職
⑤二極化（勝組、負組）
⑥景気の緩やかな回復傾向
⑦国際化
⑧情報化

外食産業に着目した環境

①チェーン店系外食店の増加（ファミリーレストラン、ファストフード、バイキング、居酒

屋等）

②コンビニエンスストアの増加（持ち帰り弁当等の増加）

③宅配サービスの増加（ピザ、すし、弁当、半調理食材）

④価格の多様化（グルメ系から激安系まで）

⑤健康・安全志向（ローカロリー、減塩、自然食品、添加物のチェック）

⑥個性・こだわり指向（産地、ブランド、付加価値）

⑦個食の増加（一家団らんではなく、ばらばらに食事）

ラーメンと国際化

大山は、神山に疑問を投げかけた。

「こんな大所高所の話をしていてどうなるんだ」

神山は答えた。

「これらの傾向は、直接的・間接的にラーメン店の売上に影響を与えるんだ。たとえば、おまえもよく知っているように、グルメ系ラーメン店のスープの味は、凝ったコクのあるものが主流だ。しかし、高齢化、健康志向をキーワードとすると、今後は、こってり系よりもあっさり系にシフトするという仮説が立てられる」

「でも、その程度のことなら、気づいているヤツもたくさんいるんじゃないか」

「そうでもない。同じ仕事を続けていると、世の中の変化が見えないことがある。仮に変化の兆しに気づいても、目をそらしたり、現状に固執することを正当化したりする人のほうがむしろ多いんだ。例えば、かつて軍隊で戦車を導入しようとしたときは、騎兵部隊が大反対した。彼らは、自分たちの名誉や職場が奪われることを恐れて、戦車のメリットを否定しデメリットをあげることに終始した。結局、彼らは、戦車との戦闘で騎兵部隊がなぎ倒されるまで、自分たちの誤りを認めようとしなかったんだ」

「じゃあ、例えばラーメン屋と国際化や情報化の関係はどうなんだ」

「直接の関係はないかもしれないが、間接的には新たなビジネス・チャンスを見つけるカギとなる。思いつくままにあげても、国際化なら、嗜好の多様化・外国の食材やレシピの導入・外国人客の取り込みがあげられる。情報化なら、インターネットによる情報発信や収集だ。ためしに、インターネットで『ラーメン／グルメ』等のキーワードで検索してみろよ。たくさんのホームページが、日本中のグルメ系ラーメン店の情報を提供している」

足元を見よ

神山は、次に店周辺の状況を把握することにした。実際に住んでいる大山の話をまとめてみた。

顧客の状況

①東京等への通勤者が8割以上

②一戸建ての住宅地では、団塊の世代が過半数

③近年増えつつあるマンションでは、20～30歳代の夫婦に子供という世帯が多い

④ほとんどが2世代または夫婦の世帯で、3世代や単身世帯は極めて少ない

⑤妻は、共働き・パートタイマー・専業主婦が同じくらいの割合と思われる

⑥高校があり、通学路上のコンビニエンスストアがよく利用されている

競合店などの状況（店から半径2km以内の外食店等）

①チェーン店系レストラン7軒（ファミリー・レストラン3軒、洋食1軒、和食2軒、バイキング1軒）

②ファストフード3軒（ハンバーガー、フライドチキン、回転すし各1軒）

③コンビニエンスストア8軒

④日本そば1軒

これらの店は、Z駅周辺と、付近を通る国道沿いに立地している。また、この地域は、宅配ピザや宅配すしチェーンのテリトリーとなっている。

大山は、競合するラーメン店がないことがビジネス・チャンスであることを強調した。しかし、神山は首をひねっていた。

「この地域にラーメン屋はいらないんじゃないか」

大山は、しばし言葉を失った。そして反論した。

「でも、おまえさっき『住宅地の真ん中で、ラーメンの需要はあるはずだ』と言ったばかりじゃないか」

「俺は、『ラーメンの需要』とは言ったが、『ラーメン屋』の需要とは言わなかったぜ」

「そんな言葉尻でごまかすなよ」

「『ラーメンの需要』と『ラーメン屋』の需要の違いは、つまりこの地域の人が、どこでどんなラーメンを食べているかということだ。家でカップラーメンやインスタントラーメンを食べる、コンビニの弁当コーナーで調理済みのラーメンを買う、ファミレスやバイキングでラーメンを食べるなんてことを考えてみろよ。この店の成功のためには、住民に、この店でラーメンを食べたいと思わせることが大切なんだ」

市場調査

神山がぜひ必要としていたのは、地元の住民がどこで何を食べているか、大山のラーメンをどう評価しているかということである。新たに調査するしかない。神山は提案した。

「小さなラーメン屋経営のために市場調査委託というのは、費用対効果比の点で不適当だ。自分たちのできる範囲で調べてみよう」

調査項目は、年齢・性別・職業、地元で外食・出前・テイクアウトをする際の実態とした。

①週平均の利用頻度と店の種類、予算
②店の選択基準（味、価格、速さ、店の雰囲気、店までの距離等）
③外食した際の不満
④近所にあったらよいと思う外食店
⑤大山のラーメンの味、価格、速さ、メニュー

調査方法は、店から半径１㎞以内の家のポストに期限付き割引券を付けたアンケート用紙

を配り、来店時に回収することとした。さらに神山は、時間のありそうな客には、より詳細な聞き取り調査をした。また、休日に周辺の住宅地を歩き、聞き取り調査に協力してもらった。

うまくない・高い・遅い

アンケートは、約200件回収できた。就業している者の回答が非常に少なかったが、これは、聞き取り調査でカバーした。結果は以下のとおりである。

①頻度

・昼食は、週平均週1～3回が多い。
ファストフード、コンビニエンスストアの利用が多数
予算は、一人当り500円前後がほとんど

・夕食は、週平均週1～2回が多い。
ファミリーレストラン、出前、ファストフードの順に利用が多い。
予算は多様で一人当り800～2000円。1000円が最多価格帯

・専業主婦は、昼・夕食とも、週平均0～1回が多い。

・就業している者は、昼・夕食とも、週平均1回が多い。
・20代、30代は、他の世代に比べて、約2倍の頻度

②外食の選択基準（味、価格、速さ、店の雰囲気、店までの距離等。複数回答）
・味、価格が、ともに8割で重要な基準だった。
・女性は、5割が店の雰囲気を挙げているが、男性は2割だった。

③外食した際の不満、充実して欲しいサービス
・込んでいて時間がかかる。
・一人では入りにくい。一人用の席がない。
・小さな子供連れでは、入りにくい。
・トイレが清潔でない。少ない。
・禁煙席がない。あってもタバコのにおいが流れてくる。
・大手のレストランは、どこも似たようなメニューや味付けだ。食材も、人工的な感じがする。

④近所にあったらよいと思う店
一人でも入れる店
小さな子供連れでも入りやすい店
完全禁煙
オーガニック・レストラン
薬膳レストラン
他の店にはないようなメニュー
自分で調理できる店

⑤大山のラーメンの味、価格、早さ、メニュー
・味　大変おいしい10％、まあおいしい30％、普通30％、やや不満30％
個別意見「こくがある」「奥行きがある」「だしが生きている」「しつこい」「塩辛い」「重い」「油が気になる」
・価格　高い70％、やや高い25％、普通5％、やや安い・安い0％だった。
個別意見「Z駅周辺で、800円では高すぎる」「東京のグルメ系ラーメンでも800円は高い」「ファミレスでコーヒー付の定食を食べられる値段だ」

「味に見合った値段だと思う」

・早さ　大変早い０％、まあ早い10％、普通20％、やや遅い50％、大変遅い20％

・メニュー　今のままでよい10％、増やしたほうがよい70％、わからない20％

個別意見「子供に食べさせるものがない」「おいしいが、来るのは月１回かな」「みそや塩ラーメンはできないの？」「一点豪華主義でよい」

覚醒

神山のその日の予定は、大山とともに調査の結果の評価、顧客の絞り込みを検討することだった。しかし、大山は自信のあったラーメンの評価が予想外に低いので完全に落ち込んでしまった。大山はうつむいたままだ。

神山は、考えた。今、何を言っても大山の耳には入らない。指示をしてはいけない。大山から、行動を起こさせるのだ。神山は言った。

「大山、おまえが落ち込んでいるのはよくわかるよ。やめてもいいんだ。それのほうが楽になれるだろう。おまえの判断次第だ。俺は料金をもらっているから、いつやめてもかまわないよ」

大山は、答えなかった。

「じゃあ、帰るから」

大山は、ほぼ叫んだ。

「俺のラーメンのどこが悪いんだ」

無視して帰ろうとする神山に、大山は、言葉を続けた。

「神山。おまえに金を払ったんだ。俺のラーメンのどこが悪いのか説明しろ」

神山は、立ち止まった。ゆっくりと席に戻って、かなりの間を置いてから、静かに丁寧なことばで語りかけた。

「では、うかがいましょう。あなたのラーメンがおいしいという根拠を示して下さい」

「根拠……？　そんなもの……味なんて説明できるわけないじゃないか」

「では、あなたの単なる思い込みだったんですね」

「そんなことはない。都庁では、みんなうまいと言っていた。近所に配ったときも上々の評判だった」

「その人たちは、お金を払いましたか」

「……」

「その人たちは、今でもよく食べに来ますか」

「……」

顧客志向

「なあ大山、その人たちは、お客様ではなかったんだ。お客様とは、なにかニーズがあってそれを満たすためにお金を払う人たちのことだ。おまえは、今まで自分や自分のラーメンを中心にして考えてきた。だから、お客様の気持ちに気付かなかったんだ。お客様が来ないのも当たり前じゃないか。お客様を主語にして考えられないか」

次第に冷静になった大山は、質問した。

「じゃあ、Z駅の近くのラーメン屋にとって、客が誰で、ニーズは何なんだ」

「そこなんだ。そこが戦略作りの第一歩だ。まず、調査結果をもう一度見直してみよう」

まだ理解し難い様子の大山に気付いた神山は、言った。

「頭のいい社員がたくさんいる大企業でさえ、お客様のニーズを見失うことがある。むしろ、大企業のトップや企画部門にいる人間のほうが、顧客の声から隔離されやすい。『重要なのは、お客様の声よりも、社長の好みと社内調整』といった状況に陥りやすいんだ」

大山は、都庁時代を思い出し大きくうなずいた。

神山は続けた。

「顧客のニーズと現実とのギャップをビジネス・チャンスとして活かしていくのが、成功のカギだ。おまえは、今回の開業にあたってどういう準備をしたか聞かせてくれ」

「えーと……。近所にラーメン屋がないことを確認した。評判のラーメン店をまわって、うまいラーメンの味を研究した。それからラーメンを近所の人たちに食べさせて評価してもらった」

「それで十分だと思ったか」

「うまいラーメンを作れば客はつく、と考えていたんだが……。わかったよ。顧客指向でやり直しだな」

「もう一度、ステップを確認させてくれ。まず、広く社会情勢と業界の実態を検証する。次に、周辺の市場調査をする。そのうえで、自社の強みや弱みは何か、自社にとって顧客は誰か、その顧客のニーズは何か、自社はどのようにニーズに対応して利益をあげていくかを考えるんだ」

大山は、やっと神山の言葉が素直に耳に入ってくるようになった。

5　都庁　変化の胎動

堂々巡り

局長は、庶務担当の部長と課長を呼んだ。ＭＢＡの専管組織を１ヵ月後に立ち上げる件だ。

「１ヵ月でやるんですか」

部長も課長も、むちゃな話だと思った。しかし、言い出したら引かない知事の性格を知っているので、それ以上は言わなかった。やるしかないんだ。

——役人出身の知事なら、こんな拙速な指示は出さないだろう。もしそのような指示を出したとしても、「全庁をあげて最適な人材を発掘し、次回の人事異動に合わせて登用します」とでも回答すれば納得してもらえたはずだ。

どんな人間を何人位集めればよいか。どんな仕事をやらせるか。知事の具体的指示はない。しかし、「１ヵ月後にあいさつに来させろ」というのだから、無難な人間を選んでお茶を濁す訳にはいかないだろう。局長室の３人は、知事の言葉の断片や日頃の言動から推測しようとしたが、らちが明かない。１時間程が経過した。堂々巡りになってきた。局長は、会議の予定があったので、とりあえず中断ということになった。

「部長、課長それぞれで、たたき台を考えておいてよ。明日、午前中にまた集まろう」

部長、課長は、局長の指示に従い、それぞれ自分なりのイメージを考えてみた。しかし、知事と話したのは局長だ。自分たちが推測に推測を重ねて作っても、知事の意向に合っているかどうかわからない。下手に提案して、1ヵ月後に『これは、僕の構想と全くちがうよ』と怒られたら、火の粉は自分たちにかかってくるおそれがある。それに、自分の案が採用されたら、案の実施も任されてしまうかもしれない。漠然とした案を出して、肉付けは局長にやってもらったほうが無難だ。

翌日の会議でも、話は進まなかった。部長、課長は、それぞれいくつかの漠然としたイメージを示すに留まった。それ以上の具体的な内容は、局長の判断に委ねようとしたのだ。結局、知事の真意はどこにあるか、という話に戻ってしまった。

局長は、このたたき台作りが、部長、課長にとってやりたくない仕事であることはわかっていたはずだ。やりたくない仕事をやらせるためには、もっと具体的な指示を出さないと、人は動かない。また、それぞれに案を作らせるというのは、一見民主的だが、やりたくない仕事の場合は、自分は手を抜いてもいいかと考えるのが自然だ。このような場合、局長は、「明朝までに、2人で一緒に考えて、具体的案を作ってみて下さい。組織図、職員数、職務権限は必須項目です。2～3案あってもいいですが、優先順位と理由を説明できるようにしておいて下さい」といった指示をするべきだった。

3人の中では最も多忙な課長は考えた。これ以上堂々巡りに時間をとられたくない。課長は、ユーモアを交えて提案した。

「私たちのような旧勢力というか抵抗勢力みたいのが考えても、知事のイメージする改革案は打ち出せないでしょう。まず、元気のいいのを何人か一本釣りして、そのメンバーに今後の具体的展開を知事とともに詰めていってもらう、というのはどうでしょうかね」

局長も、部長もすぐ賛成した。まず、小さなチームを作ればいいのだ。それなら、1ヵ月以内でもできそうだ。なによりも、今後はそのメンバーに知事との調整をやらせるというのが誠に好都合だ。

火中の栗

局長が、急に多弁になった。

「まず人集めだ。優秀で、改革意識が高く、知事との調整をそつなくこなせることが条件だ。MBAの資格や知識もあったほうがよい。1ヵ月という期限だ。選ばれた職員にとって、事務引き継ぎや、知事あいさつに備えた準備と時間が必要だろう。2週間後に決定、ということにしよう。そこでだ。庁議や公式の連絡ルートを通して募集していたのでは間に合わない。募集しても、局は優秀な人材を出す訳ないよ。誰にするか、この場で決められないか」

部長が、答えた。

「まさに一本釣りですね。このポジションがおいしいものなら、何人か適任がいるのですが……。リスクが大きそうな仕事ですしね」

課長も同調した。

「火中の栗を拾うようで、出世コースを順調に進んでいる者にとっては、おいしくないと思いますよ。でも、冷や飯組を選ぶと、知事にラディカルな提言をして採用されるなんてことになって、結局、私たちが事後処理に追われることになるかもしれません」

局長は、あせっていた。

「それは困るな。気心の知れた人間を選ぼう。私からも直接説得する。人事考課や昇給に特段の配慮をすることを説得材料にするよ。新組織に必要な予算はなんでも手配するよう、財政当局には指示する。知事直属で仕事ができるなんて、いい機会じゃないか。とにかく、時間がないんだ」

いらだつ局長を見て、部長は、腹をくくった。同期の友を差し出そう。

「この新組織が、今後どうなるかは全く未定です。失敗に終わる可能性もある。すすんでリスクを引き受けられるような職員でないと務まりません。一名、名前をあげますが、必ず最後まで面倒をみてやってください。財政局の外山部長です」

3人とも、外山のことは知っていた。財政畑のエリートで改革派だ。厳しい財政状況の中、既存事業の見直し・廃止を果敢に断行し、新規事業や改革等には積極的に予算をつけるとの定評がある。上司にとって頼りになる部下だが、時にはいうことを聞かないうるさい存在でもある。もう少しおとなしく仕事をしていけば、将来の局長候補だ、とうわさされてもいる。

局長も課長もすぐに賛成した。人選びの時間から早く解放されたいのだ。

局長が、「あとの人選だがどうしようか」と切り出したところで、課長がまたしても仕事を他人に任せる名案を出した。

「外山部長がその組織のトップということなら、人選は任せたほうが動きやすいのではないですか。もちろん、私たちが指名された職員の引き抜きには全面的に協力するということで」

部長は、同意して付け足した。

「協力というのでは手ぬるい。外山が指名した職員は、強制的に異動させるということでいきましょう」

局長も同意した。

「外山君を全面的にバックアップしよう。早速、呼んでくれないか。財政局長には私から電話する」

ゲームの理論

外山が局長室に入ってきた。財政の修羅場をくぐってきた外山だ。緊張することなく、淡々としていた。

局長が、切り出した。

「急なことで申し訳ないが、人事異動の件です。財政局長さんには、内々にお話してあるが、外山部長自身の意向を聞かせて下さい」

「はい」

局長は、一連の経緯を伝えた。

「ここにいる部長、課長とも検討したんだが、余人を持って代えがたしということで、お願いできませんか。予算措置と職員の指名は、外山部長の意向のとおりにするよう努力します」

外山は、せっかちだ。いつも即決・即答するタイプで、話の長いヤツは嫌いだ。しかし、今回は違った。

「1分ほど考えさせて下さい」

このような重要な決定の場合、即答するとかえって軽率との印象を与える。局長たちが自分に対してやけに丁重な対応をしているところを見ると、おいしい話ではなさそうだ。イエスというにしても、待たせてもったいぶったほうが今後の支援を要求しやすい。それに、今回は本当に考える時間が必要だ。

外山の明晰な頭脳が回転した。MBAについては、資格は持っていないが、独学である程度の知識はある。今までも、予算査定や政策決定の議論の際の説得材料として活用させてもらった。一般教養としても面白い。社会を見る視野が広がった。

職務の内容や組織の規模は、今後、知事と調整、というより知事の考え次第ということのようだ。この点はいくら考えても時間の無駄だ。人選は任せると言っている。本当に、希望した人間を引き抜けるのかな。予算は、局長たちの力を借りなくても自分で引っ張ってこられるから大丈夫だ。

では、受けるべきか。未確定要素が多すぎる。MBA的に考えるとどうなるかな。もっと情報収集すべしということだろう。しかしこの局長にいくら聞いてもらちがあきそうにない。知事に会って話をすることを条件としよう。知事も、あとでミスマッチの問題がなくていいだろう。ついでに、予算措置、職員の引き抜きについても知事から言質をもらっておこう。

もしも、知事の考えていることが納得できないものだったらどうするか。自分もサラリーマンだ。基本は上司の指示に従うことだ。しかし、ギャップが大きかったら、その場で率直に話し合おう。知事室を出てからぐずぐずというのは時間の無駄だし、精神衛生上よろしくない。知事の話の中から、双方が納得できる提案の糸口を発見できるかもしれない。

外山は、おもむろに回答した。

「すみません。お待たせして。お話が突然で、また、知事直属の大任ということで、私ごときに出来るものかどうかと思いまして」

局長は、間髪をいれず言った。

「大丈夫だ。君なら出来る」

「しかし、知事の意向に反することになっては、局長にも御迷惑をおかけします。一回、知事に時間を頂き意向を伺うというのは可能でしょうか」

「しかし、君も知っているように、知事のスケジュールをとるのは難しい」

外山は答えなかった。沈黙が続いた。

局長たちは、じりじりしていた。知事の日程をとるのは困難だ。この場で、外山にイエスと言わせるしかない。外山がもしもMBAの発想法を学んでいなかったら、情にほだされて、「わかりました。やらせていただきます」と言ったかもしれない。しかし、今の外山は別のことを考えていた。MBAの科目にあるゲームの理論だ。人事異動を受け入れるべきかどうか、自分にとってのメリットを数値化し、表にして考えてみる。

◎成功報酬が大きい場合

現在の職場の満足度を100、新職場で成功する確率が50%、成功した場合の満足度を1000とすると、リスクを覚悟できるなら、異動するメリットの方が大きい。

	新職場で成功する（確率50%）	新職場で失敗する（確率50%）	合計
現在の職場に残る			100
新職場に異動する	1000×50%=500	0×50%=0	500

◎成功報酬が小さい場合

現在の職場の満足度を100、新職場で成功する確率が50%、成功した場合の満足度を150とすると、異動しないメリットの方が大きい。

	新職場で成功する（確率50%）	新職場で失敗する（確率50%）	合計
現在の職場に残る			100
新職場に異動する	150×50%=75	0×50%=0	75

◎成功報酬が小さいが、現在の職場もメリットが小さい場合

現在の職場の満足度を50、新職場で成功する確率が50％、成功した場合の満足度を１５０とすると、リスクを覚悟できるなら、異動するメリットの方が大きい。

	新職場で成功する（確率50％）	新職場で失敗する（確率50％）	合計
現在の職場に残る			50
新職場に異動する	１５０×50％＝75	０×50％＝０	75

外山は、考えた。今の自分のポジションは、明らかにエリートコース上にあり、やりがいもある。上司としっくりいかないこともあるが、概ね満足している。一方、新職場で成功した場合のメリットの大きさや成功する確率は全く見えない。知事に会って内容を詰めるまで、引き受けないことが論理的帰結である。したがって、この場でイエスと言わせようとしている局長たちの要求は、受け入れられない。

ついに局長が動いた。机に戻り、電話をかけた。

「あ、局長です。知事の日程なんだけど。10分位どうしても入れてもらいたいんだ。……もちろん重要で緊急だ。……明日、１時30分からね。よかった。ありがとう。用件はＭＢＡの

推進組織のリーダー候補の面接ということで」

「では、明日1時30分から10分間時間がとれた。別件がキャンセルになって、たまたま空いているそうだ。私も同席する。あ、だめだ。総務省の来客ではずせない。すまんが一人でもいいかな」

外山は、そのほうがよかった。10分間しかない。当事者以外の人間の発言は時間の無駄だ。

「お手数をおかけしました。結果は、速やかに御報告します」

外山が退室したあとで、局長は言った。

「『知事に会わせろ』なんて、なかなか押しが強いじゃないか。しかし、今度の仕事はそれぐらいでないとな。頼もしいよ。でもまだ若いな」

部長と課長は顔を見合わせた。どういうことなんだ。

「わからんか。知事に会ってから、『やっぱり、やめます』なんて言えるものか。知事がだめと言わない限り、外山君で決まりだ」

部長は、自分が推薦した手前、あえて発言した。

「彼は、『やめます』といえる人間ですよ」

課長が機転をはたらかせて、その場を収めた。

「では、外山部長で決まるかどうか、昼飯代でも賭けますか」

仕事をしているか?

外山は、明日の面接に向けて全力投球だ。長時間残業が常態化している職場から、6時きっかりに退庁した。MBAを学んでから、外山の残業時間はかなり減った。話は簡単だ。仕事を効率的にやることだ。この当たり前のことを、管理職も含め、多くの職員が実践していない。なぜか。理由は二つある。

第一に、ホワイトカラーの仕事は、外からは判断しにくいからだ。工場の組立工なら、1時間に何台できるか、エラー率は何%かで評価できる。したがって、どの従業員がどの程度効率的に働いているか、数値化が容易である。さぼっていれば、外見でもわかるし、結果もすぐに出る。しかしホワイトカラーは、さぼっていてもわからない。パソコンに座って何か考えている職員が、仕事のことを考えているのか、昼飯のことを考えているのか外見からはわからない。職員同士で談笑しているのが、仕事上の調整なのか、適度のコミュニケーションなのか、それとも単なる無駄話なのか、境界が不明確だということだ。

さらに、会議等の調整の場面では、護送船団方式で、ルールを守らない人間やレベルの低い人間に合わせせなければならない。これが、膨大な時間の損失につながっている。例えば、メンバーが集まらず会議が定刻どおり開催できない、一度議論したことを蒸し返し堂々巡りになる、会議終了後にこそこそと文句を言いに来る、そもそも主催者が、会議の目的（今日の会議で何を決めるか、何を論じるか）を明確にしていないので雑談で終わってしまう等、非効率極まりない。

——ホワイトカラーの効率性向上は、ＭＢＡでしばしば議論される大きな課題です。読者の皆さんも、ぜひ自己診断をしてみて下さい。

☆職場にいる間、あなたは自分の時間のうち何％を雑談に使い、何％を家族や趣味や健康・老後のことの思索に使い、何％を組織や上司・同僚への不満の回想に使っていますか。仕事に集中する時間を増やして、残業時間を減らしてみませんか。

第二に、日本の組織独特の慣習である、サービス残業と「職場滞在時間を基準にした人事評価」である。サービス残業が常態となり、毎日遅くまで職場にいることや年休を取らないことが積極的に評価される雰囲気があると、効率的に仕事をしようとは考えなくなる。欧米では、定時退社と年休消化、長期休暇取得、業績による評価がかなり徹底している。

日本でも、若い世代を中心に自分の時間に優先順位を置く職員の割合が増えつつあり、状況は徐々に改善されているが、そのペースは遅い。

☆あなたの職場で、仕事はきちんとやりつつ、定時退社を心がけている人はいますか。もしもいたら、参考にして下さい。いなかったら、あなた自身が、パイオニアになって下さい。

外山は、新しいMBA関係の本を購入しようと考えた。ケーススタディで、エンロンの崩壊や日産リバイバル・プラン等は確認しておきたい。新宿の書店では売り切れだ。御茶ノ水の書店街で、ケーススタディの本を見つけて購入した。

これからやることを整理した。時間は限られている。今晩3時間と明日の午前中3時間だ。知事、局長特命事項の準備だ。職場で堂々とやろう。とりあえず、押さえておくのは①MBAの概要の再確認②MBA都庁導入のメリットの検討③当面の行動案④将来展開案、といったところだろう。

面接時間は10分。知事が一方的にしゃべっておしまいかもしれない。しかし、当面の行動案、将来展開案については、大筋だけでもお墨付きをもらっておきたい。そうしないと、都庁の役人の動きは鈍いだろう。

外山は6時間、全力で可能な限りの準備をした。レジュメを作り、知事から求められれば渡せるように準備した。

①MBA導入のメリット

都庁の戦略的経営の実現
・職員の意識改革
・都民ニーズの把握、分析
・経営戦略作成
・成果の評価

②当面の行動案
今年度　・ＭＢＡの視点から見た、都庁組織及び職員の強みと弱みの把握
・都民ニーズの把握
来年度　・都庁ＭＢＡプロジェクト開始
・目標の設定
・行動計画
・検証方法の提示

③将来展開案
全ての政策決定過程に、ＭＢＡの視点を導入

知事の面接

知事とは、予算案のブリーフィング等で同席したことがある。何度か、資料の説明をしたこともあるが、お互い印象に残るような質疑はなかった。

予定の10分前に知事室に到着して順番を待った。前後の予定は、埋まっているとのことである。延長はない。定刻に入室した。今日の知事は機嫌が良さそうだ。外山は自己紹介し、MBAの新組織に任命の打診があったこと、本日はその面接に伺ったことを告げた。しかし知事は、もう内示が出てあいさつに来たものと思った。

「ずいぶん早く決まったんだね。よろしく頼むよ」

「はい」

「ところで、君はMBAを持っているの?」

「いえまだ。ただ、独学で勉強いたしまして、予算査定とか、新規事業の有効性の検証等に活用しています」

「……」

——まずい。知事はMBAを持っていないことに不満だ。すぐにフォローだ。

「新組織についてですが、今年度は、私とMBA取得者や取得中の若手管理職、その他の職員若干名でいきたいと思います。局長からは、人選と予算措置については私共にお任せ下さると伺いましたが」

「そういったことは、君たちの好きなようにやってくれ。局長には、金と優秀な人材は惜しむなと言ってある」

——時間がない。本論に入ろう。

「早速ですが、今回の新組織について、知事はどのような役割を御期待でしょうか」

「職員の意識改革。それから……経営感覚っていうか、とにかく民間はむだなものは作らない。消費者が欲しがっているものを一生懸命作るでしょう。そして、売れれば売れるほどどんどんコストを下げて消費者にも還元していく。こんなサイクルを都政にも取り入れるべきなんだ」

——どうも、知事にはまだ具体的な構想はないようだ。しかし、その方が好都合かも知れない。知事の考えを、MBA的に言い換えて反応をみてみよう。

「つまり、役所が出発点ではなくて、都民、都民ニーズが第一だ。そのニーズに合致するように税金を使う。都民が役に立つサービスを増やし、むだな事業は排除する。そのためにM

BAの視点を活用するということでよろしいでしょうか」

「まあ、そんなところだ」

「しかし、ご存知のとおり、なにか改革をやろうとすると抵抗するのが役人の常です。また、面従腹背で改革を骨抜きにするのも、公務員の得意技です。意識改革をとなえるのみでなく、改革に協力させる強力なインセンティブと、改革に非協力的な者に対する警告サインも必要だと思います。来年度実施に向けて動いてもよろしいでしょうか」

「うん。役に立つものだったら、積極的にやってみてくれ」

――よし。これで、知事の考えているイメージの概要がわかった。事業内容についても、ゴーサインが出た。今日のところは成功だ。

「どうもありがとうございました。早速、組織作りに着手します」

「おい。まだ時間あるよ。いくつか、言いたいことがある。まず、学識経験者は使わない。相談するぐらいはいいけどね。都庁職員だけでやれ。それから、組織の簡素化、フラット化っていうの、思い切って出来ないかね。あとは公務員倫理だ。不祥事が多すぎるよ」

「はい。MBAの守備範囲です。主要課題に加えます」

「毎月1回報告って、聞いてるよね。よろしく」

Win-Win Situation

外山は、局長に報告する前に、先日同席していた部長、課長に声をかけて、結果の概要を伝えた。実務的支援は、部長・課長レベルだ。先に情報を伝えて自尊心をくすぐり、印象を良くしておいたほうがよい。課長は、部下のいる前でエリート部長から丁寧にあいさつされたことを喜んでいた。

外山は局長に、①仕事を引き受けること②必要な職員は外山が探し1週間以内に本人の内諾を得て局長に報告すること③その後の異動手続き、事務室の手配、予算措置等をお願いすることを伝えた。

外山が局長室から出ると、部長が待っていた。二人は部長室に入った。

部長は、言った。

「これから大変だな。全力で支援するよ。まず、優秀な人集めだ。定数削減で管理職や忙しい部署の連中は疲れ果ててるよ。異動への抵抗は強いだろう。強引に引き抜くしかないな。それにしても都庁で、意欲・能力に応じた人事異動や、人材育成っていうのは、ほぼ掛け声だけだね」

「どういうことだ」

「管理職や一部の職員は一生懸命働いているけど、能力開発をしている時間がない。その他の職員は、時間があっても意欲がない。年をとればとるほど、受身で保守的になっていく。誰かが、公務員を『エイリアン』にたとえたけど、むしろ『化石』といったほうが妥当だと思う」

「たしかにそういう面はあるな。管理職は、議会対応や目の前の課題処理に時間をとられ、先のことを考える余裕がない。一般職員は、向上心が乏しい。タマがいないんじゃ意欲・能力に応じた人事異動というのは、言葉だけということか」

「ＭＢＡの導入って、そういうことの対策になるのか」

「ＭＢＡでは、役所でも役に立ちそうなことをいろいろ学ぶんだ。課題は、それをどのように実践するかだ。特に、役所では依然として、終身雇用制度が維持されている。これを根本的に覆すことは、現段階では机上の空論だ。既存の制度の枠の中で、どこまで工夫できるかを考えなければならない」

「一般論はわかった。たとえば、何ができそうなんだ」

「まず、現在の組織や機能を、徹底して見直すことだ。そして、機能していない組織を廃止・縮小・売却して新規事業や儲かりそうな事業、まあ役所でいえば重要課題を担当する部署かな……、に人と金をまわすんだ。民間の企業再生の定番の方法だよ」

「そんなこと、今までもやってきた」

「いや。外部の視点からみれば、やっていない。役人たちが微調整したり、組織の組み替えをしたりしただけだ。各局に『今の組織や人員は必要ですか』と聞けば『必要です』と答えるに決まってる。内部の人間は、事情を良く知っているから必要な理由はいくらでも挙げられる。しかし、納税者の視点から費用対効果比で考えた場合、廃止して他の行政課題に向けたほうがよいという組織や事業もある。言い換えれば、抽象的必要性のみで議論して、具体的効果やコストを考慮していないんだ」

「でも、組合や職員、時には当局だって、猛反発するだろう」

「こう考えられないか。多忙な職場の人員増や新規事業の実施のためには、どこかで仕事を減らさないと、職員一人ひとりの負担が重くなる。職員のための、組織見直しだ」

「そんな説明で納得するかな」

「職員は変化に抵抗する。なぜか？　実は職員は、変化に抵抗しているんじゃないんだ。変化の結果起きるマイナス面を心配して反対しているんだ。たとえば、新しい仕事を覚えなければならない、管理が厳しくなる、仕事が増える、給料が減る、といったことだ。しかし、これを積極的にとらえれば、新しい仕事を覚えるチャンスだ、自分の価値を高められる、管理が厳しくなれば働く職員と働かない職員間の悪平等がなくなる、仕事が増え給料が減っても、国鉄や夕張市みたいに職を失わないで済むよりはましだ、とも考えられる。当局、職員、ともに利益があるような条件（win- win situation）での変化とすることが、円滑な実施のカギだ」

人集め

部長は、自分の本題に入った。

「ところで、全く新しい組織を作るんだ。細かい庁内調整や庶務は大変だと思うんだ。一人適任の若手課長がいるんだが使ってみてくれないか。仕事は正確、迅速。性格は正直で誠実だ。人物は保証する」

外山は、警戒した。

――お目付役を送り込むつもりかな。しかし、その課長と部長との関係は良さそうだ。こちらに取り込めば、かえって役に立つかもしれない。とにかく、使える職員かどうか、会ってみよう。

「ありがたいな。早速会ってみたい」

「いま呼ぶよ。おまえのめがねに叶うといいけど」

「でも、そんな優秀な人なら、なんでおまえの子飼いにしておかないんだ?」

「この局は、管理系の仕事しかない。彼の能力には合っているが、将来を考えると、創造的な仕事も経験させたほうがいいと思って」

「彼の後任はどうするんだ」

「大丈夫。課長級職員がたくさんいるから。余裕のあるヤツに異動してもらうよ」

外山は、今回の騒動となった新聞記事に書かれていた「中間管理職50％削減」を思い出した。忙しいだの人材がいないだのと言っても、いざとなればやらなくても済む仕事、廃止できるポジションはあるんだ。

候補者は、すぐにやって来た。

「守山課長だ。入庁以来、ほとんど総務・庶務畑できた。それだけに、調整能力と人脈がある」

「守山です。よろしくお願いします」

「外山です。こちらこそ、よろしくお願いします」

沈黙が続いた。外山は、部長同席では、守山が本音を話しづらいだろうと思ったので、あえて黙っていた。

部長はそれに気づいたのか、「ちょっと用事があるから。結果はあとで教えてください」と言って出て行った。

「部長は、守山課長のことを大変高く評価していました。で、今回の新しい組織に協力してくれる気持ちはありますか」

「私でよろしければ、ぜひお願いします」

「どんな仕事をやりたいですか」

「いままで、総務、庶務系だったので、その方面でお手伝いできるのではと思います」

「でも、当面は、そんな大きな組織ではありません。当面は、私を含めて数名を想定しています。庶務担当課長を置く程ではないと考えていますが……。まずMBAをどのように都庁に活用するかを検討するのですから、少数精鋭のほうがいいのです。人数の多い会議では、発言の機会が限られて議論を深めることはできませんし、発言しない職員の人件費の無駄遣いになります」

守山は、驚いた様子だった。もっと大きい組織で、自分は庶務担当課長になるのだと思っていたからだ。

「何か、誤解がありましたか」

「もっと大人数の職場になると思っていましたので」

「守山さんはMBAに興味はありますか」

「いえ。でも今回の騒動があったので、早速本を買って読みました」

「どうでしたか」

「こんな世界もあったのか、こんな発想もあったのかと思いました」

「あなたも、このような発想で仕事をしてみたいと思いますか」

「私が適任かどうか……。決まったこと、指示を受けたことを、早く正確に終わらせるのは自信があるのですが。新たな発想というのはどうも苦手です」

外山は、考えた。——たしかに正直なヤツだ。その点では信頼できる。しかし能力があるかどうか。

「今度の組織では『全力で働く。無駄な残業はしない』というのを、モットーにします。あなたは、働きながらＭＢＡの資格を取得する気持ちはありますか」

「御指示があれば取得します」

「あなたを採用します」

守山は、再び驚いた。自分には、場違いの職場のようだと感じていたからだ。

「私で、お役に立てるんでしょうか」

「あなたの強みは誠実さです。経営学の世界的権威ドラッカーが言っています。『リーダーにとって大切なのは誠実さ（integrity）である』。ドラッカーは、こうも言っています。『その人が持つ最大の強みに焦点を合わせ、その強みの妨げとならない限り、弱みは関係ないものとして、無視しなければならない。』守山課長は誠実さを強みとし、ＭＢＡの学習を契機に自分を磨いて都民に貢献してください」

外山の狙いは、こうだった。

――MBAの知識を持った者同士が行政について議論をすると、行政批判に終始したり、机上の空論になってしまったりする恐れもある。守山のような職員から、都庁の現場の地に足のついた発言を引き出すことも必要だ。それに、守山の誠実さは魅力だ。新しい組織がどんな危機的状況に陥っても、全力で支えてくれるだろう。

脅威か機会か

外山は、MBA取得者が欲しかった。人事に問い合わせたところ、管理職で年齢的にも適任の者がいた。既に紹介した先山である。外山は、いきなり尋ねるのも失礼と思い、まず電話して打診してみた。反応は早かった。

「やらせていただきます」

外山のペースに合いそうだ。念のため、部長室まで来てもらった。いくらなんでも、電話だけでは人物確認が出来ない。先山は端的に言った。

「大変面白そうな仕事なので、私でよろしければ、ぜひお手伝いさせていただきたいと思います」

外山は、意識して丁寧な言葉で話した。印象を良くするためと、やや聞きにくい質問をするためだ。

「早速、快諾いただきありがとうございます。優秀な方ほど忙しいんで、引き受け手がいないんじゃないかと心配でした。ところで、既に概要をお話したように、今回の新しいセクションの先行きは、不確定要素が多い。もっと率直に言えば、どうなるかわからない状況です。あなたのような聡明な方が、なんで即答されたのか、お話いただけますか」

「私自身のキャリア・アップに役立ちそうな内容だったからです。官房系は初めてで、いい経験になりそうです。また、知事直属というのが魅力的でした。官房系、庶務担当系から遠い部署は、何か新しいことをやろうと思っても、幹部に話をあげるのにステップが多くて、内部調整に時間とエネルギーを要するんです」

「新しいセクションが、ろくに成果を上げられないで解散とか、知事の気がかわって廃止なんてリスクは考えなかったですか」

「自分で最善を尽くしたのであればやむを得ませんし、それはそれで、役に立つ経験ではないですか」

——外山は、先山の発想に目を開かれる思いだった。エリートコースを歩んできた外山にとって、今回の仕事はやりがいのある機会ではあるが、本音では脅威、リスクと捉えていた。

火中の栗を拾う英雄気取りだった。しかし先山は、逆にキャリア・アップの機会であることを重視していたのだ。冷静に考えると、先山のコメントは正しい。都庁も、職員削減が進む中で、どろどろとした人間関係の情実主義から実力主義への転換が進んでいくにちがいない。そうすると、必要とされる職員かどうかは、失敗の経歴の有無だけではなく、どんな能力や経験を持っているかを基準に判断されるようになるだろう。

外山は、もう一人の職員として入庁3年目の佐山を選んだ。まだ都庁では「ひよっこ」だが、異なる世代の視点、外部の視点から意見を言えるという点では、他の3名の管理職では代わりがたい存在だ。コンビニで店長をしていた経験から、マーケティングの実践の知識が豊富だ。日経新聞や社会のトレンドを紹介する雑誌を購読し、時代の潮流や新製品情報に詳しい。独自の視点で議論に参加してもらう予定だ。もちろん、面接をして、ＭＢＡの取得を目指すとの同意をとってある。

日常の庶務については、非常勤職員2名に全面的に任せる。この2名には、調査や資料作成等の補助もやってもらう。その他、世論調査、市場調査等を行う場合は、随時、臨時職員やインターンを配置する。経営学科がある大学に情報提供し、募集することとしよう。

6　ラーメンも戦略だ

ラーメンと教育

大山と神山の戦略作りが再開された。

「まず、社会の動向だ。子供の減少、高齢者の増加、女性の社会進出、若者のニート化、勝組・負組化といった大きな潮流があげられる。大量に退職する団塊の世代は、巨大で裕福なマーケットとして注目されている。日本ではまだ大きな動きとはなっていないが、欧米の例を見ると、教育関連の産業が、大きなマーケットになるかもしれない」

大山は、あえて質問をした。

「でも、教育とラーメンにどういう関係があるっていうんだ？」

「とりあえず、自由に思いついたことを言ってみよう。実際にビジネスになるかどうかの検討は次の段階で行えばいい。前例や問題点にとらわれず、何でもいいから、新しい発想を出してみるんだ。たとえば、教育をラーメン・ビジネスに結びつけるなら、そうだな……『イングリッシュ・ラーメン・ショップ』なんかどうかな」

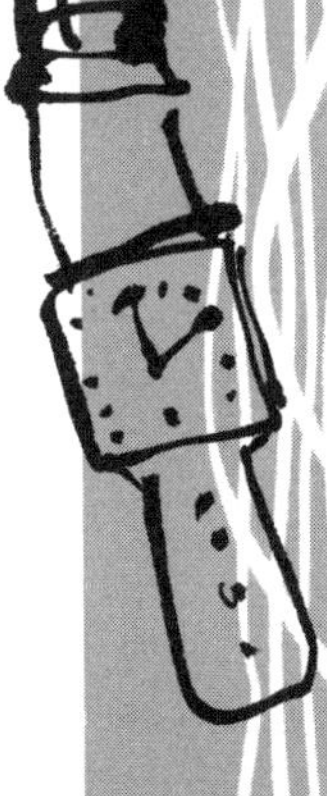

大山は、どう反応してよいかわからなかった。自分の理解力を超えている。

「今や、小学校や保育園でも英語教育をする時代だ。英会話学校がたくさんあるのは、正規の学校教育以外に金を払うお客様がたくさんいるからだ。そこでだ、店員は全員外国人、メニューもオーダーも全て英語で、店内には英会話学習のテープを流すラーメン屋を作ったらどうかな」

「でも、そんな店に入るの、勇気がいるよ。それに、客と店員でトラブルが起きたらどうするんだ」

「だめな理由を探すのではなく、自由・斬新な発想を出すんだ。回転ずしを考えてみろよ。回転ずしのなかった時代にそのアイデアを聞いたら、だめな理由はいくらでもあげられただろう。品質管理、衛生管理、皿の枚数をごまかす客、すし職人のプライド、すし屋の伝統的イメージとの乖離。回転ずしを導入した企業は、これらの問題を一つひとつ解決していったんだ」

「回転ずしは、わかった。でも英会話ラーメンはどうかな」

「おまえは、どうして後ろ向きの発想しかできないんだ。問題点を見つけたら、どうやって解決できるかを考えるんだ。英会話ラーメンに戻ると、広告や看板に『英会話初心者歓迎』と明示して安心させる。メニューの英語にはカタカナを併記する。注文から支払いまでの例文をメニューに記載する。日本人スタッフか日本語も話せる外国人を必ず1名は配置する等の解決策が考えられる」

先進事例に学ぶ

大山は、圧倒されつつも、なんとか一矢報いたかった。

「MBAの発想には感心したよ。でも、斬新すぎるというか荒唐無稽というか……。はっきり言って信用できない」

神山は、一呼吸おいてから答えた。

「率直な感想を言ってくれてありがたい。役人というのは、何でも神妙な顔をして聞き置くだけかと思っていたよ。では、荒唐無稽で信用できないという点だが、2点指摘させてくれ。まず、俺がいうから信用できないのかもしれない。しかし、たとえばカルロス・ゴーンが同じことを言ったらおまえの反応は違うだろう。ポイントは、誰が言ったかで判断するのではなくて、内容で評価することだ。第二に、前例がないから信用できないのかもしれない。しかし、類似の先進事例は既にある。外国人との自由な会話ができる英会話喫茶や、外国人が英語で行う料理教室やフィットネス教室だ」

神山は、続けた。

「事業の成功のカギの一つは、パイオニアになることだ。一番乗りは、知名度・パテント・ノウハウ・市場開拓等で有利な地位に立てる。しかし、二番手、三番手でも、先進事例を学ぶことで、より有利な立場に立てる可能性もある。パイオニアを追いかける者は、パイオニアが苦労して開拓してくれた市場やノウハウを無料または低コストで活用することができる。また、パイオニアが失敗した場合は、その教訓を学び失敗を未然に防げる」

SWOT分析

大山がとりあえず納得した様子を確認して神山は、次のステップに入った。

「では、社会の動向、周辺の市場調査、このラーメン屋の評価を組み合わせて分析してみよう。マーケティングの入門書にもよく書いてある、SWOT分析という方法だ。外部環境と内部環境の両面から、好影響、悪影響を列挙していくんだ。外部環境とは、自分たちで変えられない与件、内部環境とは、自分たちの力で変えられるものだ。外部環境を機会(opportunity)と脅威(threat)に分け、内部環境を強み(strength)と弱み(weakness)に分けることにより、自社の状況を把握し戦略を考えるんだ。早速、やってみよう」

神山は、模造紙を広げて表を作り、大山とともにそれを埋めていくこととした。

	好影響	悪影響
	機会（opportunity）	脅威（threat）
外部環境	●団塊の世代の退職による昼間人口増加 ●20～30歳代の子育て世帯の増加 ●就業女性増加による外食需要の増加 ●グルメラーメンブーム ●自然食品ブーム・食の安全への関心	●若年人口減少 ●健康ブーム（減塩、ローカロリー） ●大手外食店・ファストフード店、宅配サービスの増加 ●大手店の大規模な広告・キャンペーン ●大手店の低価格商品 ●コンビニエンスストアの増加
	強み（strength）	弱み（weakness）
内部環境	●大手にはない個性的な商品 ●自然・安全・こだわりの食材 ●手作り感覚 ●住宅街の中に立地	●限られたメニュー ●限られた営業時間 ●限られた予算での広告・プロモーション ●高価格 ●低い知名度

一通り表を埋めたところで神山は言った。

「この表によって、①強みを生かして機会を利用する②強みで脅威を克服する③弱みを機会を活かして改善する④弱みと脅威が相まって最悪の事態を招かないように備える、といった方向性が導ける。ここからが知恵の出しどころだ。よく考えよう」

大山は、数分考えた末に答えた。

「①については、現在のこだわりラーメンの路線がそのままあてはまりそうだな。②はいい案が思いつかない。③は、そうだな……女性・オーガニックをキーワードに新メニューでも考えるかな。④については、降参だ」

「②については、差別化戦略が考えられる。つまり、うちだけのメニュー、うちだけのサービスだ。ファミレスのような画一的なサービスに満足できないお客様に対して何か考えられないかな。④については、あえて資源を投入しないことも選択肢だ。たとえば、大手がやっているような金をかけた広告やキャンペーン、たくさんのメニューという分野については、対抗しても勝ち目はないから、実施しないということだ」

顧客の絞り込み

次の段階は、顧客の絞り込みだ。神山は言った。

「まず、この地域の外食市場を、いくつかに分類（セグメンテーション）してみる。次に、分類されたもの（セグメント）の中で、どれを自社の主な対象（ターゲット）にするかを決める。最後に、そのターゲットを前提として、他社よりも有利な地位の構築（ポジショニング）をするんだ」

「小さなラーメン屋が、そこまで考える必要があるのか」

「郊外の住宅街にある小さなラーメン屋だからこそ必要なんだ。ファミレスのように豊富な資本と大きな店舗があれば、和洋中華をとりそろえた総合的なメニューで幅広い層のお客様を取り込むという選択もある。小さな店ではそれができない。そこで、セグメントを選んで、集中的に資本と人を投入して有利な地位を構築することが、成功のカギとなるのだ」

大山は、ファミリーレストランでラーメンを食べたときのことを思い出した。

――そうか。ファミレスは、何でもあることが強みなんだ。たしかに、ラーメンを食べようと思って、一人で入店する客はあまりいないかもしれない。しかし、メニューを見ながら、いつもの日替わり定食ではなくラーメンを食べたくなる日もあるだろう。何人かで行くとすれば、何でもあれば、みんなが満足できる。ラーメンは主力メニューではないが、必要なんだ。だから、価格は高めで味は月並みのものでもよいのだろう。

大山は、しかし、あえて反論してみた。

「でも、とんかつ、カレーライスと、なんでも作る小さな中華料理屋も、商売として成り立っているよ」

「たしかに、都市の既成市街地や地方の小さな町で、お客様は近所の顔なじみといった昔ながらの店では、依然としてそのような形態が多い。しかし、生活レベルの向上とグルメブームの中で、味や店の雰囲気に対する顧客の要求はより高くなっている。つまり、単に空腹を満たせばよいのではなく、食を楽しむという傾向だ。新規に開店するラーメン屋は、中華専門で、味か低価格のどちらかで顧客を集めようとするものがほとんどだ。和洋中華なんでもありというラーメン屋は、次第に淘汰されていく傾向にある。ましてや、この店は郊外の住宅地にある。お客様は、味・価格・店の雰囲気を比較して、より満足できる店まで車で出かける機動力を持っている」

大山は、納得した。

理念の変更

神山は、セグメンテーションの説明をした。

「まず、顧客の分類だ。年齢、性別、職業、収入、家族構成、趣味、学歴、住居形態等で分類する。今まで集めてきたデータを使って考えてみよう。新興住宅地の特徴は、同じようなライフステージと所得階層に属する住民が同一時期に入居したため、プロフィールが画一的となることだ。この地域には、大きく2つの集団がある」

①一戸建ての持ち家で団塊の世代。子の多くは既に巣立っているが、一部同居している者もいる。住宅ローンは完済または退職金で完済予定。妻は、専業主婦かパートタイムが多い。

②マンションで、20~30代。子育て世帯が多数で、子の年齢は10歳未満。住宅ローン返済中。妻も常勤かパートタイムで働く。

神山は、続けた。

「では、どこをターゲットにするかだ。主な基準は、顧客数、収益性、店の能力・特性とのマッチングだ。団塊の世代は可処分所得が多く、魅力的な顧客層だ。その分、舌が肥えており、味の評価は厳しいことが想定される。ただし、高齢で健康に関心が高いので、ラーメン専門店としては工夫が必要だ。また、外食する割合は年齢とともに減少する傾向がある。しかし、高齢者のみの世帯だと、コンビニ等でできあいの弁当やおにぎり、菓子パンを買って食べていることも多い。次に、若年の子育て世代はどうだろうか。共働きで忙しいため、外食の需要が高いが、可処分所得は少ない。味を楽しむというよりも、時間の節約と値段に関心があるようだ」

大山は、反応した。

「では、団塊の世代が収益性の高いターゲットになる」

「そうだな。この店が苦戦している原因の一つは、こだわりラーメンの味と材料が、団塊の世代には重すぎるためかもしれない。そこを工夫することで、お客様を集めることが期待できる。しかし、団塊世代だけで採算がとれるだろうか。子育て世代もターゲットにしてみたらどうかな」

「それじゃあ、こだわりのラーメン屋のコンセプトが崩れてしまう。店の品位が落ちるよ」

「おまえ、『ラーメンによる社会貢献』をしたいって言ってたよな。そこがポイントだと思うんだ。高級ラーメンを裕福な層に提供するだけじゃなくて、子育て世代も気軽にラーメンを楽しめる店づくりというのはどうかな」

神山は、経営理念の変更を提案したのだ。

ファイブ・フォース分析

神山は、大山が経営理念の変更に躊躇している様子を感じて、もう一つの分析方法を試してみることにした。

「次に、ファイブ・フォース分析を行ってみよう。これは、企業活動に影響を与える内外の要素を『5つの脅威（five forces）』に分類し、競争力を高める戦略作りにつなげていく方法だ」

「なんか難しそうだな。俺の知りたいのは、そういう理屈っぽいのじゃなくて、現場で役立つ……」

「まあ聞いてくれ。話は簡単なんだ。失敗すると思って事業を始めるヤツはいない。しかし、実際は見込み違いとなることが多い。なぜか？　主な原因の一つは、自分の強みにのみ注目して、外部の脅威を過小評価したり、気付かなかったりしたからだ。『この新商品は儲かる』と考え事業を開始したとしよう。しかし、同業者もまねをして類似の商品を提供すれば、期待したほどの売上や利益をあげられない。もしも儲かる事業なら、新規参入業者がどんどん増え、価格競争、サービス競争が一層厳しくなる可能性がある。また、思わぬ代替品が出て、一気に売れなくなるかもしれない。ポケット・ベルから携帯電話への転換はよい例だ」

「なるほど」

「ファイブ・フォース分析でとりあげる5つの脅威とは、既存の業界内での競争・新規参入・代替品・売り手の交渉力・買い手の交渉力だ。この場合、ラーメン屋にとっての売り手は、麺や食材の納入業者、買い手とはお客様になる。ラーメン業界の実際はおまえのほうが詳しい。知識を出し合って、5つの脅威を図にしてみよう」

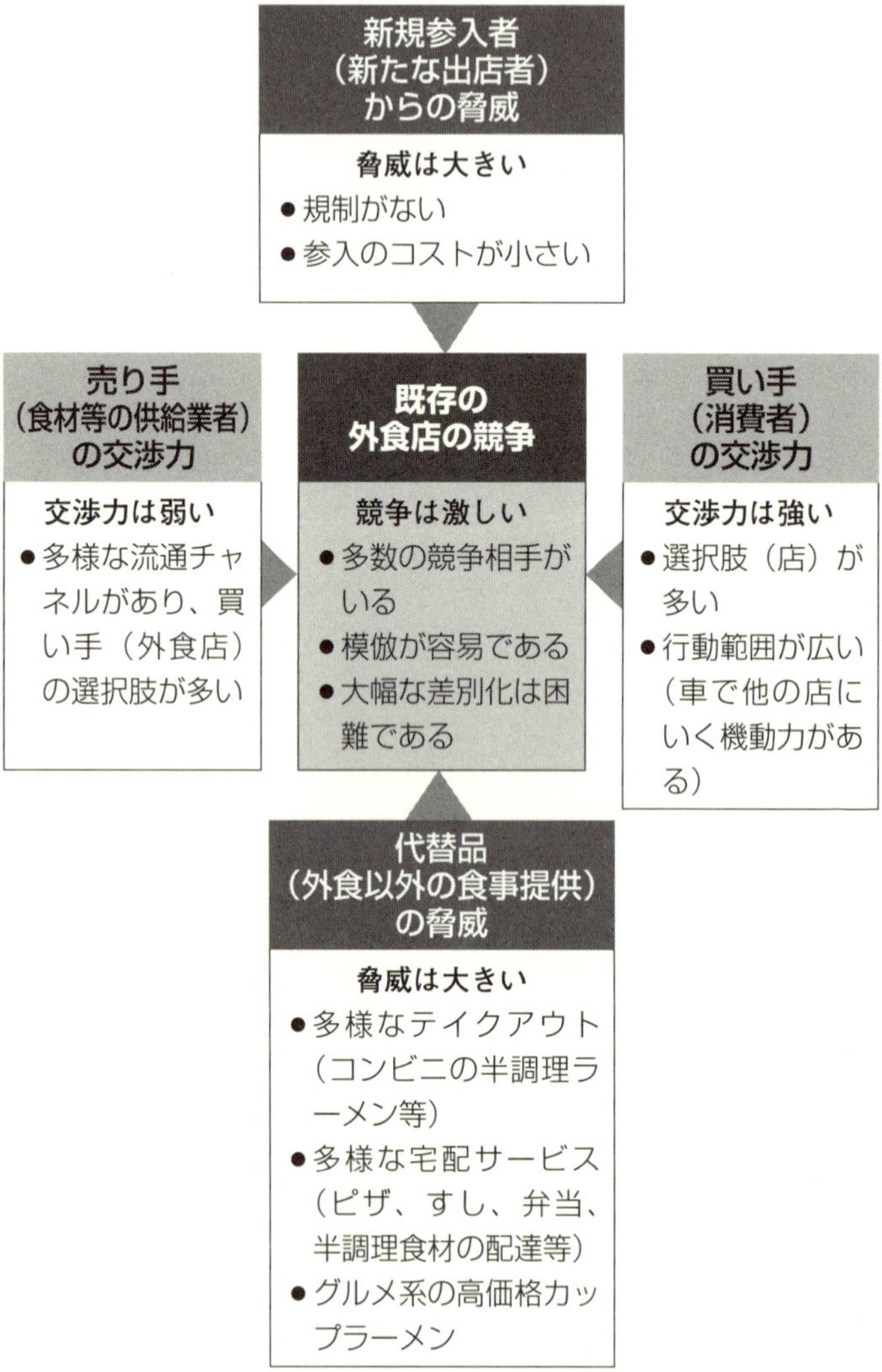
新規参入者
（新たな出店者）
からの脅威
脅威は大きい
●規制がない
●参入のコストが小さい
売り手
（食材等の供給業者）
の交渉力
交渉力は弱い
●多様な流通チャネルがあり、買い手（外食店）の選択肢が多い
既存の
外食店の競争
競争は激しい
●多数の競争相手がいる
●模倣が容易である
●大幅な差別化は困難である
買い手
（消費者）
の交渉力
交渉力は強い
●選択肢（店）が多い
●行動範囲が広い（車で他の店にいく機動力がある）
代替品
（外食以外の食事提供）
の脅威
脅威は大きい
●多様なテイクアウト（コンビニの半調理ラーメン等）
●多様な宅配サービス（ピザ、すし、弁当、半調理食材の配達等）
●グルメ系の高価格カップラーメン

神山は、一通り表が埋まったところで分析した。

「外食業界は、新規参入、代替品の脅威、買い手の交渉力が強く、業界内の競争も厳しい。『未経験者でもできます』というのが業界の競争を激化させる要素となっている。さらに、郊外の住宅地の住民は、気に入った店を選んで車で食事に出かけるので、店の選別はさらに厳しくなる。このような状況を踏まえて、この店が生き残っていくための戦略を考えるんだ」

4つのP

大山は、外食業界の競争の厳しさを悟り、こだわりのラーメン屋からファミリー層も楽しめるラーメン・ショップへの転換を決意した。

神山は、新たな課題を示した。

「では、ターゲットにした層をどのようにひきつけるか。4つの手段の効果的な組み合わせが必要とされる。マーケティング・ミックスと言われる考え方で、4つのPがキーワードだ。つまり、製品（product）、価格（price）、場所・チャネル（place）、プロモーション（promotion）だ」

「製品や価格というのはわかる。でも、そんなこと、どの経営者でもやっているんじゃないか。『良い品を安く』ということだろう」

「そうでもないんだ。実際、買い手の望まない製品を開発したり、買い手にとって高すぎる価格を設定して売れなかったりする例が少なくない。第一に、企業内部の都合を優先して製品志向で開発したため、お客様のニーズに合わない製品を発売することがある。この現象は、大企業に多い。企画・開発部門、製造部門、販売部門相互のコミュニケーションが不十分となり、顧客の声が製品に反映されにくいんだ。第二に、価格決定の出発点を、買い手の判断ではなく、製造原価に置いていることが多い。つまり、お客様が買おうと判断する価格以下でなければ売れないのに、『作るのにこれだけのコストが必要なんだから、この値段以上でないと無理だ』という発想だ」

「でも、赤字となる価格設定はできないだろう」

「順番を変えて考えるんだ。まず、お客様がいくらで買ってくれるかを想定して価格を設定する。そして、それに見合うようなコストとなるように工夫するんだ。これは、製造部門にとってはつらいプロセスだ。しかし、高くて売れない製品を作って巨額の損失を出す苦しみよりもましだ」

神山は、順次説明を続けた。

「製品については既に議論してきたので、2つ目の価格から話そう。価格は、製造コスト、需要、他社との競争という要素を組み合わせながら検討する必要がある。また、ブランド・

イメージという感覚的なファクターも考慮しなければならない。例えば、おまえのラーメンを千円でも食べたいというお客様がたくさんいれば、価格は千円でもいい。しかし、他の店が同じ味のラーメンを600円で売れば、600円以下にせざるをえないだろう。もしも600円以上で売りたいなら、味以外の要素で差別化を図る必要がある。製造コストが価格を超えるなら、撤退するのが正しい選択だ」

「3つ目の場所・チャネルとは、製品を消費者まで届ける流通経路のことだ。これは、製造業では重要な課題だ。しかし、外食産業で、店に来るお客様については、あまり検討する必要はないだろう。ただし、出前については、注文から届けるまでの時間や営業時間が検討対象になるな。深夜にラーメンの出前をすることで成功した店もあるよ」

「最後に、プロモーションだ。広告、パブリシティ（新聞・ニュースでの紹介等）、販売促進活動（懸賞、リベート等）等がある。広告については、大手のチェーン店には対抗できない。そもそも、この店のお客様は近所の方が大部分だから、広く薄く宣伝することは、費用対効果比から不利な選択だ。パブリシティの活用については、積極的に考えてみよう。無料で宣伝してくれるし、説得力がある。ただし、普通のラーメン屋では、相手にしてくれない。記事になるような何か、例えば『高齢者御用達』『子育て応援』等見出しになる話題を提供することだ。おまえの公務員時代の経験や人脈でどうにかできないか」

大山は、返事ができなかった。公務員時代、マスコミを避けることはあっても、積極的に売り込むことは考えてもみなかった。

「忘れてはならないのは、お客様の口コミ（word of mouth communication）だ。この口コミの影響力の大きさは、多くのマーケティングの研究者が認めている。お客様を味方につけるための努力や工夫を重ねることが不可欠だ。これからは、どんな場面でも、『客』ではなく、『お客様』という言葉を使ってくれ。それだけでも、お客様の立場に立った行動や発想に繋がりやすい」

「そんなもんかな?」

「例えば、お客様が誤って丼を床に落とし、壊してしまったとする。もしも、客が壊しやがった、といった態度で対応したら、そのお客様は二度と来店しないだろう。しかし、『お客様、おケガはありませんか』という対応をしたら、リピーターになる可能性がある。まわりで見ている他のお客様も、店に対するポジティブな印象を持つだろう。この場に居合わせたお客様の心に残るイメージは、その日のラーメンの味よりも、店員の対応の良し悪しだ。サービス業は、総合的なホスピタリティ（おもてなし）を提供するんだ。小さなラーメン屋でも、それを実践することが大切だ」

決断の時

大山は、やや疲れた。

——神山のいうことはもっともだ。でも、本当にそんなに理屈どおりにいくんだろうか。

神山は、大山の様子に気づいて言った。

「いよいよ実施案の検討だ。でも、おまえが納得できないないなら、やめたほうがよい。この店は、おまえのものなんだ」

「……」

沈黙が続いた。

「いいか。大山。日本では、毎日多数の会社が倒産している。なぜだ。ビジネスにリスクはつきものだ。ところが、それを知りながら十分な準備をしないで起業する者がたくさんいるからだ。2千万円といえば、おまえにとって大金だ。いままで、住宅以外でそんな買い物をしたことがあるか」

「ない」

「じゃあ、何で最初にしっかりと準備しなかったんだ」

「……」

「でも、今はできる限りの準備をしたんだ。2千万円の投資の回収を目指すか。それとも、撤退するか。決断の時だ」

「……」

「どうもお役人様は、決断するタイミングがわかっていないようだ。問題を先送りしたり、みんなで責任を共有する仕組みを作ったりして、結果として自分が判断するのを避けてきたんじゃないのか」

「そういう非難は甘んじて受けるよ。でも、俺が管理職の激務をこなしてきたこともわかってくれ。それに、俺はもう公務員じゃないよ」

「そうだったな。とにかく、問題を先送りしていたら、資金が減るばかりだ。それに、誰も責任を共有してくれる人はいない。今は、おまえの責任で決断する時だ」

「わかった。話をすすめよう」

ハイブリッド店

いよいよ具体案の検討だ。神山は提案した。

「競争に勝ち残っていくためには、価格・製品・サービス等で他社に差をつけることだ。小さな店でも、特定の分野で差別化することによって、大規模店に対抗することが可能だ。まず価格だが、低価格のラーメン・チェーン店と競うことは困難だろう。そこで、いままでのこだわりラーメン路線は継承していくこととする。ただし、値段を少し下げてみてくれ。それと、健康をテーマにしたものを開発できないか」

「食材にこだわりすぎたかもしれない。材料を選び直して、原価を抑えてみよう」

「もう一つのターゲットの子育てファミリーはどうするか。この層のニーズは、低価格、時間の節約、子連れでも入りやすい外食店だ」

大山は、子供が騒ぎまわる店内を想像した。

「狭い店で子供に騒がれたんじゃ、他の客が来なくなるよ。幼児連れは、客単価も低いし、備品を壊したりケガをしたり……」

「そこが、ポイントだ。今まで敬遠されていた層の需要に応えるんだ」

「どうやって」

「この店は、30席の広さのところを余裕の20席で営業している。レイアウトを変更して、10人ほど座れるキッズ・ルームを作ったらどうかな」

「何だ、それは」

「つまり、大きな丸テーブルを一つ真ん中に置き、子連れでも床に座ってくつろいで食事できる空間だ。防音効果のあるパテーションで仕切れば、他のお客様にも迷惑はかからない。カラオケ・ルームのイメージかな。配膳、後片付けは、セルフサービスとする。これはハンバーガー・ショップのイメージだ。つまり、この店がこだわり系ラーメンとファミリー系ラーメンのハイブリッド店になるんだ」

「客単価の問題はどうするんだ」

「今よりも低価格のラーメンをメニューに加える必要がある。味よりも、子連れで気兼ねなくくつろげるスペースで勝負だ。市販の業務用食材を併用しよう。子供用には、ラーメンをベースとしたお子様ランチ的なものを開発する。この単価をやや高めに設定して、トータルの客単価を維持する。子供の注意をひきつけるような見栄えのあるものを作り、写真を店内に張って、子供が注文したがるように工夫する」

　大山は、うなずいた。

「それから、土日も営業することだ。昼間人口が多いのは土日だ。通勤者の『休みの日くらいくつろぎたい。炊事にわずらわされたくない』というニーズがある。もちろん、代わりに、例えば月・火曜日を休みにする。調理方法はできる限りマニュアル化し、従業員でも対応できるようにするんだ。店主が疲れていてはいい店はできない」

新商品

　新しいメニューの試作品は、二週間後にできた。こだわりラーメンのヘルシー・バージョン、親子連れ向けの低価格ラーメン及びお子様ラーメンだ。大山がメニューに「ヘルシーラーメン、お徳用ラーメン、お子様ラーメン」と書いているのを見て、神山は言った。

「ネーミングが大切だ。注文するお客様の立場からイメージを考えてみよう。ヘルシーという言葉はもはや陳腐化しているし肥満を連想させる。お徳用ラーメンは、安っぽさを連想させる。お子様ラーメンでは、場末の食堂だ。こだわり薬膳ラーメン、バリュー・ラーメン、キッズ・ラーメン・スペシャルというのはどうかな。薬膳、バリュー、キッズという単語は、ちょっと高級感というかコンテンポラリーな感じがするじゃないか」

大山は、「コンテンポラリー」という言葉の意味がわからなかったが、何か洗練された印象を感じ、採用することにした。

試作品を、常連の客とターゲットとなる高齢者や女性客に試食してもらった。キッズ・ラーメンは子供に見せて、どこに興味を示すかを観察した。器のデザイン、トッピングやおまけのグッズ等見直しが必要な部分がいろいろあった。こだわりラーメンについては、食材の産地、栄養素、効能等を記載したレシピをテーブルに置くことにした。全てのメニューについて、カロリー、塩分量を表示した。

値段は、こだわり薬膳ラーメン７００円、バリュー・ラーメン５００円、キッズ・ラーメン・スペシャル５００円とした。サイド・メニューとして、餃子、アイスクリーム、幼児用のベビー・ラーメンを加えた。当初は、こだわり部門で一日平均80食、客単価７５０円、キッズ・ルームで50食、客単価５５０円で、月売上約１８０万円を目指した。改装費用を考えると、当面はわずかな利益しか見込めないが、顧客の定着と新規開拓を進めることにより、長期的にはやっていけると判断した。

改装については、キッズ・ルームの新設、乳児用の寝台を備えたトイレの増設、キッズ・ルーム開設をアピールする看板の設置をすることにした。店内には、随所にゴム・カバーを張り付け、子供の安全に配慮した。効率化とサービスの迅速化のために、リースの自動券売機で食券を売る方式にした。改装を契機に、店内全面禁煙とした。キッチンとキッズ・ルームの間には窓を設け、食事の受け取りから片付けまでお客様が行う方式とした。これはセキュリティもかねている。ハンバーガー・ショップのイメージを考えれば、お客様に抵抗感はないはずだ。

改装の間、10日間休業する。その間、集客活動にとりかかることとした。新聞に折り込みチラシをいれて、新しい店のコンセプトである健康志向と親子でくつろげる場の提供をＰＲした。保育園、小学校の前で、子供たちが帰る時間にティッシュを配った。さらに、地域の高齢者団体や子供会の世話役のお宅を訪問し、店の趣旨を説明して割引券を配付した。地域をカバーするミニコミ誌には、写真付の企画広告を出した。できる限りの準備はした。あとは、開店を待つばかりだ。

パート3　起動編

7 都庁「チームＭＢＡ」の発足

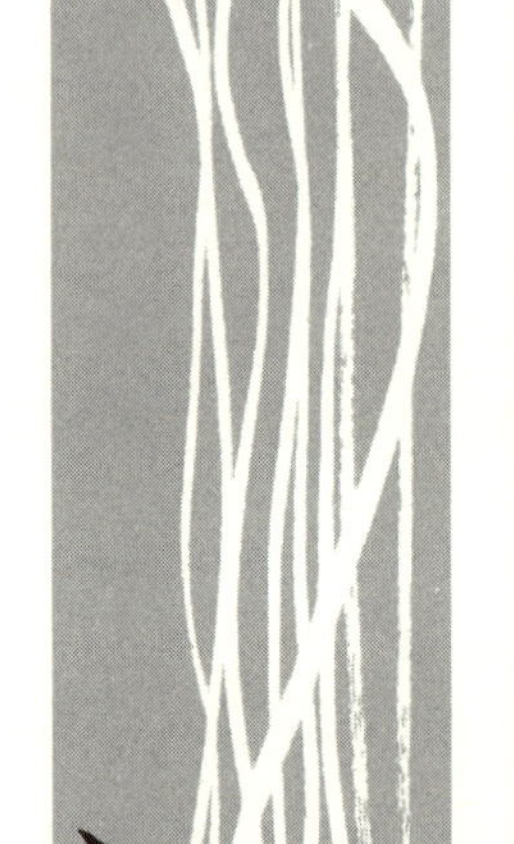

プレゼンテーション

外山は、メンバーとなる職員の上司へのあいさつや、総務・人事担当との事務的調整を行った。一段落したところで、顔合わせのために全員を招集した。１ヵ月後の知事室のあいさつには、全員で行くつもりだ。

まず、自己紹介だ。外山は、自己紹介は単にあいさつではなく、自己ＰＲの場だと思っている。アイス・ブレーキングも大切だ。導入部分に軽い冗談やエピソードを取り入れることにより、聴衆の緊張感を解いて、自分に注目を引き付けることができる。聴衆に好感を持ってもらえれば、味方につけることが容易になる。

これらの工夫は、日本のオフィスではあまり実践されていない。外山は、人事異動のあいさつや歓送迎会の自己紹介が退屈でたまらない。「未熟者ですが」「なにもわかりませんので」「よろしくご指導をお願いします」の連続である。時間の無駄だ。

アメリカでは、伝統的にプレゼンテーションが重視されてきた。小学校低学年から、クラスみんなの前でのスピーチが広く行われている。数々の歴史に残る名演説が語り継がれている。リンカーンの「人民の人民による人民のための政治」、ケネディの「国家があなたに何をしてくれるかではなく、あなたが国家に何をできるかを考えよう」は、日本でもよく知られている。

そもそも、ほぼ単一言語、単一民族の島国日本では、直接的な表現を避け、雰囲気や態度、婉曲的な表現で、お互いを理解し合おうとする習慣がある。たとえば、日本で「検討させて下さい」という場合、多くは「協力できません」「当面は、やる気がありません」という意味になる。日本人同士なら、以心伝心で真意を理解できる。しかし英語圏で同じ表現を使うと、相手が言葉通り受け取る可能性が高い。

役人の行うプレゼンテーションがつまらない大きな原因の一つは、文言の正確性には細心の注意を払う一方で、相手に理解してもらおう、協力してもらおうという視点が二の次になっていることである。よくあるパターンは、資料をほとんど棒読みする公務員である。準備してきた内容をとにかく読むことしか頭にないのだ。相手が退屈していようが理解しない様子だろうが、お構いない。とにかく資料を読み上げて、あとで上司に「必要なことはもれなく伝えました」と報告できることが大切なのだ。自分勝手としか言いようがない。

近年、日本でも外国人が増加する中で、インター・カルチュアル（異文化間）なレベルでのコミュニケーションが課題になりつつある。その際は、率直かつ友好的に意思を伝え合うことが成功のカギとなる。また、家族間、友人間、職場の同僚間の結びつきが緩くなってきた今日、日本人同士のコミュニケーションでも、しだいに以心伝心が機能しなくなっている。これらの変化を受けて、日本でもプレゼンテーション能力が次第に重視されるようになった。

効果的なプレゼンテーションの実践のために、アメリカの心理学者アルバート・メラビアンの法則がよく引用される。メラビアンによれば、話し手が聴衆に与える影響のうち、視覚（外見、表情、態度）が55％、聴覚（話し方、声の大きさ）が38％を占め、言葉（話の内容）は7％に過ぎない。つまり、何を話したかよりも、外見・態度や話し方がカギなのだ。

多様性

外山と先山は、MBAを学習する過程でプレゼンテーションの大切さを学んでいたので、嫌味にならない程度にドレス・アップしてきた。そして、明るく自信を持って話すことに心がけた。メラビアンによれば、これだけで9割は勝負がついてしまうのだ。

外山が最初だ。地位も体の大きさも押しの強さもメンバーの中では一番だ。少しピエロ役になって、威圧感を抑え、親近感を持ってもらおう。

「皆さん、私がこの新しい仲間の中で肩書と体重が一番重い外山太郎です。これ以上重くならないように、勤務時間中はお菓子を与えないで下さい。今回は、突然のお願いに御協力いただきまして本当にありがとうございます。私が、リーダーとなりますが、地位や体重を無視して、皆さん一人ひとりが、独立・平等な立場で議論して下さい。お互いを、さんづけで呼ぶことにしましょう。何を言ってもいいです。ただし、だらだら長い話や堂々巡りの議論だけはしないように気をつけましょう」

メンバーがそれぞれ自己紹介した。

先山は、今までの職場での苦い経験から、ＭＢＡ取得者であり留学経験があるということに対するねたみや反感を避けようと考えた。しかし、ＰＲもしたい。そこで、飛び切り明るい笑顔で、ユーモアを交えて話すことにした。

「先山花子です。皆さんと一緒にお仕事ができて、こんな幸せなことはありません。うれしくて、昨日は寝られませんでした。お化粧の乗りが悪いのはそのせいです。私だけがＭＢＡ取得者とのことですが、心配なさらなくて結構です。わからないことは、いつでも聞いてください。10分間千円で承ります」

——ちょっと生意気に感じるかもしれないけど、これで、みんなは私に気軽に話しかけられるようになるわ。

守山の番だ。あいさつについては、なにも準備していなかった。——前の2人は、うまくやったな。どうしよう。直球勝負しかないか。

「守山次郎と申します。前のお2人の素晴らしいスピーチにあてられてしまい、何をお話していいかわかりません。精一杯努力しますので、よろしくお願いします」

外山が、つっこみを入れた。

「守山さん、長所は?」

守山は、とまどった。とりあえず、即答しなければ——。

「与えられた仕事を、納期までに正確に終わらせることです」

外山は「まずい」と思った。これは管理職の回答ではない。仲間にみくびられてしまう。しかし、今、みんなの前で指導することは、守山の顔をつぶすことにもなる。あとでフォローしよう。

先山は、あきれた。——何? この人。ほんとに管理職試験に受かったの? 試験答案にそんなこと書いたら合格点には程遠いわよ。

しかし、すぐに別の視点からも考えた。外山がなぜ守山のような人間を選んだのか? 誰かお偉いさんから押し付けられたのか? 人事にはダーティーな部分もあるんだ。だが、思案をめぐらしても疲れるだけだ。今は外山を信じよう。「守山は使える」と評価されて選ばれた可能性もあるんだ。これから、仕事をしていく中で見極めよう。

最後は、佐山だ。

「なぜか私のような未熟者が、ここに来るように言われました。エリートの管理職の皆さんとともに仕事をすることは、よい経験になると思います。よろしく御指導をお願いします」

役所で、若手が初対面の管理職の前で行うあいさつなら無難な内容だ。あえて気の利いたことを言って反感を買うリスクを犯すよりも、安全策をとったほうが正解かもしれない。

外山は、4人が終わったところで、まとめの発言をした。守山の消極的発言のフォローも意識した。

「みなさん、個性があって面白い方です。今回の人選のポイントは、優秀で、かつ多様な人材を集めるということです。同じような人間が集まって『そうだ、そうだ』と言っているようでは、一方的な見方しか出来ません。アメリカ自動車メーカーGMのある社長は、全員が賛成の案はその場では採択せず、再度検討するよう指示したとのことです。反対意見が出ないと、問題点の見落としをする可能性があるからです。私たちも、それぞれの視点、経験から、率直に発言し、様々な見解、反対意見を検討し、より広い視野から、妥当な結論を導いていきたいと思います」

当面の目標

守山が、不安そうに切り出した。

「あのぉ。新組織のメンバーって、本当にこれだけですか」

外山は、答えた。

「そうですが」

「もっと、大人数の……。各局の代表が参加する庁議みたいな、例えば20人位の規模かな、なんて思っていたんで」

「作業を行うなら、大人数のほうがいいかもしれません。でも、私たちの当面の課題は、都庁をどのように経営していくか、知恵を絞ることです。頭数よりも少数精鋭が大切だと考えました。大体、20人の会議なんて議論が深まらずに、連絡会になってしまいます。庁議メンバーで、在任中一回も発言しないままで退職する人もいると聞きましたよ」

「でも、4人だけというのは、ちょっと……」

「もちろん、臨時に外部の人に入ってもらい知恵を借りることは、考えています。また、より具体的な検討や作業になった段階では、人を増やすことも必要となるでしょう。とりあえずは、私たち4名です」

「はぁ」

外山は、守山に依然として不安がある様子を察知して、言った。

「中東のヨルダンの成功例を紹介しましょう。ヨルダンは、慢性的な水不足で悩んでいました。人々は、政府が水不足解消に有効な対策を打ち出せるとは期待していませんした。そんな中で、政府は2000年に、『水資源効率化アクション』に着手しました。スタッフはわずか9名でした。しかしこの9名は、外部の団体との『協働』、最近の日本のはやり言葉を使えば『コラボ』を行ったのです。そして、これらの団体が実働部隊となってアクションを進めたのです。参加者は、エンジニア、科学者、官僚、マスコミ関係者、NGO、学校、法律家、大量消費者、そして水道企業です。このコラボは、多方面で効果をあげ、2005年までには、ヨルダンが中東地域における節水活動の模範と評されるようになったのです」

「つまり、私たちは、実施部隊ではなく、企画・調整者として働くのですね」

「はい」

守山のぼんやりとした質問にいらいらしていた先山が発言し、外山とのやりとりとなった。

「で、我々の目標は何ですか。まず、そこを明らかにする必要があると思います。まだ、知事のイメージにファジーなところがあると聞きましたが」

「毎月1回、知事に報告することになっています。既に、知事の年間スケジュールの中に組み込んでもらいました。その報告の場で、最終目標を調整していきたいと思います。私たち自身が進行管理するのにも、よい節目になると思います」

「知事のファジーなイメージに振り回されるって、なんか、モチベーションが落ちますよね」

「私たちは、基本的には上司の指示に従う必要があります。知事が、こうしろといったら従うのが原則です」

守山が、口を挟んだ。

「ただし、上司の指示が、重大かつ明白な違法なら従う必要がありません」

先山は、「そんなこと常識よ。あなたの発言はペースを乱すわ」と言いたかったが、ぐっとこらえた。

外山は、続けた。

「もちろん、そうです。上司の指示が不適当だったら、指摘するのは大切です。上司の心象を害さないように黙って従うというのも処世術ですが……。しかし今回は、知事のイメージがまだ明確でない状態です。私たちが知事の判断を助けるつもりで、いろいろな具体案をこちらから提示するというのはどうでしょうか」

「それなら、やりがいがあるわ」

一同、同意した。

なくてもいい?

「そこで、みんなよく考えて欲しい。私たちのこのチームMBAの組織が都庁に必要なのか。それとも、なくてもよいのか」

守山が、答えた。

「今までなくても、都庁は動いていたのですから、なくてもよいものだと思います」

やる気200%の先山はまたカチンときた。――自分のいる組織を「なくてもいい」なんてよく言えるわね。

外山は、「佐山さん、どう思いますか」と発言を促した。

「ええ、確かになくても困らないと思います。というか、各局の職員は、また何か資料要求が来て、本来業務以外の仕事が増えそうだ、といったネガティブな反応をするんじゃないかな」

先山も、その点は同感だ。本来業務以外で、○○計画だ、△△プランだ、行政評価だ、なんだかんだのために、同じような作文づくりに追われてきた。

守山も、続いた。

「全庁に指示して、刷新計画とかアクションプランとかいうのを作らせるのでしょうか。反発があるでしょうね。『都庁全体の基本構想や基本計画があればいいじゃないの』『屋上屋を重ねるようなものだ』『いままでの計画書を焼き直せばいいのさ』『議会、都民向けの形作りでしょ』だなんだの言って」

外山は、3人に課題を提起した。

「さすがは一騎当千の我が仲間だ。『都庁にMBAを導入しよう』といったら、『そうだ、そうだ』とろくに考えもしないで指示に従う輩ではない。では、我がチームMBAがなくても良いという点を、クリティカル・シンキングの視点から検討してみよう」

守山は、質問した。

「その、クリティカル・シンキングっていうのも、MBAですか」

「そうだ。ずばり、『クリティカル・シンキング』という科目で習うとは限らないが、MBA修得の全体を通して心に留めておかなければならない発想法だ。一言でいえば、ものごとを客観的、論理的、批判的に考えることだ。『批判的』というのは、あらさがしとか敵対的とかいう意味ではない。先入観をもたずに率直に考えるんだ。例えば、ある事業の見直しを検討するとき、『この事業を始めたのは、○○部長だったよな。今やめるのはまずいよ』とか、『この事業をやめると、関係団体が議員を通じて圧力をかけてくるかもしれない』といった情実的、主観的考えは、排除しなければならない」

「なんか、リスクが大きいし、嫌われそうで。精神的につらいですね」

「いや。しがらみにとらわれず素直に考えることが、クリティカル・シンキングだ。むしろ精神的には楽なはずだよ。もちろん、そのシンキングの結果を実施する際は、関係者との調整は大切だけど、シンキングの段階では、客観的、論理的、批判的に考えることがより妥当な結論を導くんだ」

外山は続けた。

「では、守山さんの意見を検討しよう。『都庁は、チームMBAなしで機能してきた。だから、都庁に、チームMBAはいらない』ということでいいかな。論理的に問題はあるかな？」

一同静かになった。たしかに、一見論理的には成り立っている。

先山が発言した。――ここからが私の出番よ。

「論理的には一見正しい。でも、なんか変な感じがするわよね。『今までなくても問題なかったんだから、あえて変える必要はないよ』という論法は、都庁内で何か改革や改善をする際に、必ず出される反対意見だわ。でも、この反対意見は、実際は間違っていることがあるのよ。だって、もしも必ず正しいなら、世の中に進歩や変化がありえないわ」

守山と佐山は、理解し難い様子だった。先山は例を示した。

「では20年前に戻って考えて見て下さい。『生活や仕事は、固定系の電話で不便はない。だから、携帯電話を導入する必要はない』という命題を当時の人たちに示したら　どんな反応があるでしょうか」

　守山が答えた。

「当時はまだ『今の電話で十分だ。必要ないよ』っていう人が多かったと思うよ。だから当時は、その命題は正しかったことになる」

「でもその後、携帯電話は急速に普及したわね。そうすると、実際の展開は異なっていたということです。じゃあ、その違いはどこにあるのでしょう？」

　佐山は、自分にふられたと思った。

「えーとですね。いま、守山さんが言ったように、多くの人にとっては不要だったんです。しかし、営業マンとかで、あれば便利だなという人もいたはずです。でも、当時はまだ、電話機自体が大きかったし、電波が届きにくい、通信料金が高い等の問題があった。どうしても欲しい、すぐに購入するって人は、ごく一部だった。その後、機器の改良、料金の値下げ等で次第に『使ってみようか』という企業や個人が増えてきた。それとともに、さらに改良、低価格化が進み、それまでは『必要ないよ』と言っていた一般の人も『便利そうだな』と認識し、一気に普及したんです。つまり、論理の前提が変化したんです」

　先山は、佐山の話をまとめた。

「大変鋭い指摘です。論理が一見正しく成り立っていても、その前提とする事実の認識が不正確だと正しい結果は導けません。『携帯電話を導入する必要はない』という例では、『生活や仕事は、固定系の電話で不便はない』というところが問題です。第一に、当時でも、固定系の電話に不都合を強く感じている人たちがいたのです。そのような人たちにとっては、『不便』だったのです。第二に、当時多くの人も、潜在的にはより便利な機能への欲求をもっていたのです。ただ、当時の人々は、今日のような携帯のある生活のメリットを認識していなかっただけなのです。今日、携帯を取り上げられたら『不便だ』と答える人が圧倒的に多いでしょう。つまり、潜在的には『不便さ』を感じていたんです」

役割を果たしているか？

外山は、都政の話に戻した。

「では、『都庁はチームMBAなしでも機能してきた。だから、都庁にチームMBAは必要ない』という論法にもあてはめてみましょう。いまの話からすると、『都庁はチームMBAなしでも機能してきた』の部分が争点になりますね。どうでしょうか」

先山は、ここも自分の出番だと思った。

「視点を変えて、山一證券、エンロン、夕張市の破綻の例を考えてみましょう。どの組織でも、破綻する直前までは、一見きちんと機能しているように見えました。少なくとも、破綻するとは思われていませんでした。でも、ある日を境に、破綻が明らかになった。おかしいですよね。山一證券やエンロンのような大企業なら、外部の人による監査の仕組みがしっかりしていたはずだし、夕張市は役所だから、監査委員とか、決算公表とか議会のチェックがあり、また総務省も数字を押さえていたはずです。なぜでしょう?」

佐山は、言った。

「チェック機能を果たしていなかったのですね」

「そうです。どの例でも、重役や経理・財政・監査を担当している者のうち何人かは『このままなら潰れる』と知っていたはずです。しかし、故意にその事実を隠した。少なくとも、問題提起をしなかった。そして、どうしようもなくなって、初めて『もうだめです』と発表したのです。では、我が都庁はどうでしょうか?」

守山が、答えた。

「監査システムが機能しているから、会計上の不正はないといっていいんじゃないかな」

「では、事業の妥当性や成果の評価はどうでしょうか」

「予算要求や査定の際のチェック、基本構想、基本計画、実施計画を策定する際のチェック、議会のチェックがあります」

無関心

佐山が、疑問を提起した。

「でも、それって、議会を除けば内部のチェックですよね。マスコミでは、役所や公務員、議員に対する批判が定番ネタとなっています。そんな状態で『都庁はきちんと機能している』と都民に胸を張って言っても納得してもらえるかどうか。都民の視点でのチェックが欠けているんじゃないですか」

会話を聞いていた外山が、発言した。

「佐山さん。あなたは今どこに住んでいますか」

「産まれも育ちも埼玉です」

「県庁に行ったことありますか」

「ええっと……。ありません」

「埼玉県の知事の名前、予算額、主な行政課題、県庁の問題点や、佐山さんが持っている県庁に対する要望を、あげてくれますか」

「知事は、○○さんです。予算額はわかりません。課題、問題点、要望とか言われても……職員の不正や議員のスキャンダルの報道がありましたが……。あとは、ドーム式のサッカー場を作って、膨大なランニング・コストがかかっている割には、稼働日数が少ないとか……」

「都庁の有望な職員の佐山さんですら、そのレベルです。一般の県民にとって、県庁がどんな仕事をしていて自分たちにどんな影響があるか、それなりの知識を持っている人は少数でしょう」

守山も同意した。

「私は神奈川ですが、正直言って、県庁のことってあまり関心ありません」

先山は、一歩踏み込んだ発言をした。

「私はずっと東京です。確かに、個人的用事で都庁に来たことは、パスポートを取る時ぐらいですね。都民が都庁を実感できるのは、都バス、地下鉄、水道、都道、公園、美術館かな。都庁に勤めていなければ、ほとんど関心がないかもしれないですね。そうすると、都民の関心がない。すなわちチェック機能がない。極端な話、やりたい放題ということになるのかしら」

外山は、言った。

「たしかに、世間の関心を集めるような行政課題や争点がない時期には、そんな傾向がありますね。しかし、振り返って考えてみると、都民が、都政に注目した時期はあった。戦後の高度成長期には、劣悪な東京のインフラに不便を強いられていた都民にとって、行政がインフラ整備事業に果たす役割を実感できた。公害問題が深刻になると、都民に後押しされた革新系の知事が国に先駆けて様々な規制をかけた。また、福祉の充実を求める声に応え、国をリードする施策を打ち出した。その後、都民は破綻に瀕した都財政の立て直しの役割を、新しい知事に負託した。バブル崩壊後、今度は同じ知事が企画した世界都市博覧会の中止を訴えた候補を支持した。それぞれの節目の時期に、明確な都民ニーズが示され、都政も方向転換や軌道修正をしてきたんです」

守山が、控えめに聞いた。

「では、今はどうなんでしょうか。都民が声をあげない時期で、先山さんのいうような、やりたい放題の時期なんでしょうか」

都民ニーズの再検証

「うん。もちろん各局とも行政課題は山積しているが、都民の関心をひくようなアピール性のあるものはあまりなさそうだ。でも、5年後、10年後、20年後の東京を考えたうえで、今から重点的に取り組んでいくべきこと、見直すべきことがあるんじゃないか。そうしないと、夕張市のようにならないとも限らない。都民の関心の薄い今こそ、こちらから都民にアプローチして、重点的に取り組むべき中・長期的な行政課題の優先順位を提示するチャンスだと思うんだがどうだろうか」

先山が、答えた。

「まず、『都庁は、機能してきた』かどうかを都民が評価することが、最初のステップになると思います。都民が参加して発言・議論し、その過程を公表する新たな仕組みが、有効です。その結果、『きちんと機能していない』ということになったら、ＭＢＡチームが、どうすべきかを提言をする、という手順になると思います」

佐山が、付け加えた。

「携帯電話と同じように、都民の現在のニーズ及び潜在的ニーズを、改めて検証する必要があると思いますが」

外山が、まとめの時期だと判断し、「当面、そんな方向で進めていきましょうか」と発言した。一同は同意したが、また、守山が疑問を投げかけた。

「今日の議論は、新しい視点に目を開かされたようで、本当に参考になりました。でも、他の局の仲間が日常業務に取り組んでいるのに、私たちだけがこんな話をしていて、なんか申し訳ないような気がして」

外山は、きっぱりと言った。

「たしかに、私たちは今、直接都民のためになる作業はしていません。しかし、将来の都民のために、都庁という巨大なガリバーの中でもがいているんです。味方はほとんどいないと考えたほうがいい。実際のところ、役所でも民間でも『今までなくても問題なかったんだから、あえて変える必要はない』『なんとかなるさ』といった議論がまかり通っている。その結果、時代の変化に取り残され、ビジネス・チャンスを失ったり、倒産したりする。17万人の職員と10兆円を超える予算を支出している都庁が夕張市のようになったら、大変なことになる。そうならないように、私たちは都民や都庁職員が『おかしい』『現状ではだめだ』という声をあげられる風土や仕組みを作るんです。とりあえず、こんな流れでどうでしょうか」

1　都民の視点、長期的視点からの、都庁のチェック機能がない。

2　まず、チェック機能を構築し、都政を再評価する。

3　都庁再生のために、新たな戦略を構築する。

・ＭＢＡをその戦略策定、実施、評価のための手法として導入する。

・もしもＭＢＡの手法が不適当であれば、他の方法も検討する。

一同、同意した。

8　ラーメンの新たな改革

再開

大山は、いよいよ店を再開した。初日は、割引券を持った客で満席だった。しかし、前回の苦い経験がある。勝負は明日からだ。

今回は、2日目以降も継続して客が途絶えなかった。1ヵ月の売り上げは、200万円を超えた。順調である。キッズ・ルームは客が増え続け、昼間は1時間延長して対応している。薬膳ラーメンの販売数は、元祖であるこだわり関東ラーメンを超えた。

一息つく大山を見て、神山はさめた表情で言った。

「成功だな。今のところは」

けげんそうな大山に対して、神山は続けた。

「キッズ・ルームの盛況は予想以上だ。地域の中で評判が広がりつつあるようだ。薬膳ラーメンは、高齢者や女性のお客様を増やしている。しかし、この好調がどこまで続くかな？お客様に飽きさせない工夫をして、リピーターになってもらうことを、今から考えておかな

ければならない」

大山は、反論した。

「今回は1ヵ月経っても、お客様は増え続けているじゃないか。最近は、キッズ・ルームに入りきれないお客様に頭を下げるのが仕事みたいだよ」

「今は、確かにそのようだな。しかし、ファイブ・フォース分析でわかったように、この業界は新規参入と模倣が容易だ。薬膳ラーメンのネーミングや食材、キッズ・ルームは、容易に真似されてしまうおそれがある。お客様が一気に新しい店に流れてしまうかもしれない」

「じゃあ、どうすればいいんだ？」

「キーワードは、変化と差別化だ。お客様をリピーターにする工夫をするんだ」

ブランド戦略

大山は、疑問に思った。

「たしかに、パソコンや携帯電話なら毎年新製品を出し続けないと競争から脱落する。しかし、食べ物はどうかな。老舗の料亭や和菓子屋は、創業１００年の伝統なんていうのを看板にして、長年同じものを作っているじゃないか」

神山は、答えた。

「なんで老舗が、同じ商品を作るだけでお客様を集められるか。お客様が、品質やサービスの他に認めるものがあるからだ。高級感・洗練性・伝統等、感覚的なものだ。これらの老舗は、良い製品・サービスを長い間提供し続けることにより、ブランドという資産を築いてきたんだ」

「じゃあ、吉野家やマクドナルドはどうだ。高級ではないが、牛丼、ハンバーガーという定番メニューに圧倒的な人気がある」

「共通しているのは、知名度・看板と品質管理だ。つまり、日本中どこでも、見慣れた看板のある店に行けば、いつもの味がリーズナブルな価格で提供されるという信頼感、安心感だ。この積極的なイメージを獲得するのが、ブランド戦略と呼ばれるものだ」

「この店では無理か」

「老舗としての定評を得るには長い時間がかかる。全国チェーンのブランド戦略をそのままこの店にあてはめるのは、規模・資金の点で無理がある。しかし、ブランド戦略自体の考え方を参考にするのは有効だ。つまり、お客様に『この店は、普通のラーメン屋とは違う』『ここのラーメンは、他店のラーメンとは違う』という意識を植え付ける工夫を続けることだ」

抵抗勢力

大山は、主張した。

「そのブランド戦略というのは、なんとなくわかった。そうすると、俺が薬膳ラーメンを作り続けて、ラーメン屋の老舗となることを目指すというのは、長期的には間違っていないと思うが」

「この店はできてまだ1年だ。判断するのは時期尚早だ」

「でも、薬膳ラーメンの客は、少しずつ増えている。評判がいいじゃないか」

「今後も薬膳ラーメンがうまくいくかどうかについて疑問点が3つある。第一に陳腐化だ。つまり、今は薬膳ラーメンの名称や味がお客様にとって新鮮だが、今後もお客様を集められるかどうかということだ。第二に新規参入だ。薬膳ラーメンのコンセプトや味を真似する店が出てくる可能性がある。最後に、おまえ自身が改革への抵抗勢力になることだ」

「俺が抵抗勢力？　冗談だろう。おまえの御指導を忠実に実行して、この店を大幅にリフォームしたじゃないか」

「おまえが俺の指摘を素直に受け入れたのは、この店の経営が行き詰まっていたからだ。例えばある経営者が、潰れかけていた会社の立て直しに成功したとする。するとその経営者は、自分の判断が正しかった、今後も正しいと思い込んでしまうことがよくある。その結果、現状維持に固執し、新たな改革には否定的な態度を示すんだ。改革者が成功した後は、更なる改革に対する最強の抵抗勢力に変身するとは皮肉なことだ」

神山と大山とのコンサルタント契約期間が、間もなく終わろうとしている。神山は、最後の助言をした。

「人間は、時として改革に積極的な姿勢を見せるが、ふだんは現状維持・変化への抵抗という意識を持ちやすいものだ。そこでMBAの課程では、時代の変化、顧客のニーズの変化、変化への対応の必要性、成功事例・失敗事例を繰り返し学び、変化を先取りして行動できる人間の育成を図っているんだ。この店の将来を考えると、来年も今の経営方針でやっていけるかどうかは俺にもわからない。決めるのはお客様だ。お客様が何を求めているか、何が不満かがカギとなる。そこに、問題点や新たなビジネス・チャンスが見つかる。お客様からニーズを聞きとるだけでは不十分だ。成功する経営者は、お客様のニーズ・不満・悩みを探り出す。お客様の行動から何を求めているか、どんなことで困っているかを発見するんだ」

大山は、繰り返した。「決めるのはお客様か」

悪い夢

大山は、まず、薬膳ラーメンについて考えた。客数を維持・拡大するには、①新規のお客様を獲得する②既存のお客様をリピーターにする、ことが必要だ。新規開拓のために新聞にチラシをいれるのは金がかかる。同じ内容なら、回数を経るごとに効果も減るだろう。やはり、新規開拓にも、リピーターの確保にも、ラーメンの味が決め手になる。しかし、ラーメン屋一年生の大山の力では、味の改良にも限界がある。試作品作りには、時間と労力がかかる。いい案が思いつかない。大山は、神山がいたらなと思った。

大山は、次の日の明け方、悪夢にうなされた。店の向かいに「元祖薬膳ラーメン」と称するラーメン屋ができた。大山の店の前まで来た客が、みんな新しい店に行ってしまう。その隣には、プレイ・ランド付のマクドナルドが開店した。滑り台で遊ぶ子供たちの歓声が聞こえる一方で、大山の店は客が一人もいない。「神山！ どうしよう?」と叫んだところで目が覚めた。

大山は、すぐに神山にメールを送り、コンサルタント契約の継続を依頼した。神山は快諾した。

翌日、大山は神山を店の外で待っていた。

「よく来てくれた」

神山は、少し照れた。

「まあ、俺は、時として先生と呼ばれることもある商売だ。でも、そんなに期待を持って待ち構えられると、恥ずかしいよ。何かあったのか？」

大山は、悪い夢をみたことを話した。

「これは、単なる悪夢じゃない。実際起こりえることだと思うと、不安になって……」

神山は大山の表情を観察した。大山は真剣だ。ここでは、精一杯共感の態度を示す必要がある。

「そうか……。それは辛かっただろう。本当に辛い夢だ。……実は、俺もコンサルタントを始めた当初は良かったんだが、不況でクライアントがつかない時期があってね。英語の家庭教師をやって食いつないでいたんだ」

大山は、神山が来たこと、話を聴いてくれたことで一安心した。こんな夢の話は、家族にも言えなかったのだ。

大山が少し落ち着いた様子をみて、神山は、切り出した。

「自営業はつらいよな。落ち目になると急にお客様が寄り付かなくなる。融資先も友人も、離れていく。頼れるのは自分だけだ。孤独だよ。しかし、組織人と違い、自分の判断で行動できるんだ。成功すれば利益は全部自分のものだ。ここは、ひとつ頑張ってみないか」

「うん。頑張るから知恵を出してくれ。早速だが、おまえが言っていた変化への対応なんだ。『どうしていいかわからない。でも何かしなくちゃ』の堂々巡りなんだ。きっと、それがあの変な夢の原因なんだ」

「そうか。でも何か案は考えたんだろう。聞かせてくれ」

「新規顧客の開拓なんだが、新聞の折り込みは費用対効果で疑問があるし、内容が同じものを何回も出しても見てくれない。味の改良にはもちろん挑戦するけど、そう簡単にできるものでもない。手間、材料費、時間もかかる。チェーン店のレストランがうらやましいよ。毎月、割引券付きで、季節の新メニューの折り込みチラシを出している」

「大手の広告戦術と真っ向から戦ってはいけない。これは、SWOT分析で話したよな。それよりも、小回りのきくこの店で工夫できないかな」

「おまえ、工夫、工夫っていうけど、そう簡単にできないよ」

神山は、一呼吸おいてから、静かに言った。

「二つのアドバイスをしよう。まず第一に、知恵と汗だ。当たり前のことのようだが、自営業成功の鉄則だ。サラリーマンが辛いから自営業になろう、という気持ちで脱サラしたヤツは、失敗する可能性が高い。自営業は、まさに24時間を仕事に費やさなければやっていけないこともあるんだ。簡単に出来る工夫なら、すぐに真似されてしまう可能性が高い。簡単でない工夫をしてみてくれ。第二は、楽をする工夫だ。自営業は精神修行や肉体鍛錬ではない。経営は、科学ともいわれているんだ。楽してよい結果が出せるなら、それにこしたことはない。視点を変えて、名案がないか考えてみてくれないか」

お客様の言い分

神山が帰った後で、大山は自問した。

――コンサルタントっていうのは、いいよな。先生と呼ばれて、なにかもっともらしいことをいうだけで、高い手間賃をもらえるんだもんな。でも、神山に来てもらって、気持ちが楽になったし、やる気が出てきた。手間賃だけのことはあるか。

とにかく、大山は、神山が今まで言ったことのうちで今回役に立ちそうなことを、紙に書き出してみた。

・大山の店が繁盛するかどうかは、お客様が決める。
・今後、大山の店の真似をした競争相手に客をとられるかもしれない。
・リピーターを増やすために、お客様をあきさせない工夫が必要である。
・簡単に真似されない工夫、楽をする工夫をせよ。

考えたが名案が浮かばない。

翌週、神山がやって来た。大山は、率直に案が思いつかなかったことを伝えた。

「すまない。努力はしたんだが結果が出なかった。MBAの世界では、結果が全てだろう?」

「まあ、結果は重要だが、それが全てとまではいえない。結果に至るプロセスも重視している。試行錯誤という言葉は、英語の trial and error の和訳だ。失敗の過程で何かを学べば次の成功に繋がる。逆に、たまたま大成功してしまった者は、次にその成功を台無しにする程の致命的な大失敗をする例が多い。自信過剰が判断を誤らせるからだ。大日本帝国が、明治以降の戦勝の連続の結果、自らの力を過信し、第二次大戦では客観的に勝ち目のない戦いに突入したのがよい例だ」

大山はうなずいた。都庁でも、一発で管理職試験に受かった者より、不合格を経験した者のほうが粘り強い仕事をすると言われている。

神山は、続けた。

「しかし、おまえにも、それなりにMBAの発想法を伝えてきたつもりだ。一週間、ただ漫然と過ごした訳じゃないだろう?」

「成果が出ないんで言い出せなかったんだが、お客様の様子を観察して、なにか名案がないか考えていたんだ」

神山は、そこにヒントがあると予想して、聞き役にまわった。

大山は、続けた。

「まあ、おまえは当たり前というかも知れないが、つゆまで飲み干すお客様、麺だけ食べるお客様、その中間のお客様がいる。香辛料を使うかどうか、一気に食べ終えるか、ゆっくり味わうか、メニューに併記した薬膳の能書きに興味を示すかどうか、そんなところかな」

「そうか。それで何かヒントはあったか？」

「うーん。ただ、いろいろなお客様がいるなと。ラーメンを作る者としては、つゆまで飲み干してくれるとうれしい。残されるのは残念だ。特に、お年寄りは麺も残す傾向がある。中には、『残してごめんなさいね』なんて言葉を添えて帰っていくおばあさんもいて、かえって申し訳ないな。まあ、しょうがないよ。若者にもお年寄りにも、同じラーメンを出しているんだ」

神山は、視点を変えて聞いた。

「前にも話したように、他の企業の例を研究し、法則や理論を発見したり、ビジネスのヒントを得たりすることも有効な方法だ。『ケーススタディ』として、ＭＢＡの独立の科目となっている場合もある。おまえが有名なラーメン屋をまわってみた中で、何か特徴とか工夫とか、気付いたことはないか」

大山は、急に多弁となった。得意分野だ。

「よし。まず、店主・従業員が、自信を持ってラーメンを作っていることだ。ときには、傲慢、頑固といったマイナス面もあるが、うまいラーメンが食べられるという期待感を持たせてくれる。店が込んでいるから、客はさっさと食べて席を立つ、といった雰囲気があるな。次に、メニューの品数が少ないことだ。1～2種類しかないなんてところもある。和洋中なんでもありなんて論外だ。あとは、麺の固め、やわらかめのオーダーを聞いてくれる店もある。でも、『化学調味料抜きでね』なんて注文していた客がいたけど、店員は無視していたよ。たぶん、作り方にいちゃもんをつける小うるさい客だと、不愉快に感じたんだろう」

「店のお客様の観察、他の有名ラーメン店の様子から、何か変化、差別化のカギを見つけられないかな」

「……俺を主語にして考えていいなら、麺の固め、やわらかめのオーダー位は対応してもいいけど、食べ残さないで欲しい。でもＭＢＡでは、俺じゃなくて、お客様を主語として考えるんだろう？　ちょっと見当がつかないな」

「今聞いただけの情報でも仮説は立てられる。おまえの指摘したことを、お客様を主語にして考えるとこんな感じかな。『食べ物を残すって少し気がひける。でも、量が多すぎたり麺が固かったり、つゆの塩分が気になったりと、一応残す理由はあるんだ。もっと細かいオーダーで、量や味等を好みに変えられれば、残さないでみんな満足できるのに』」

「つまり、この店で、細かいオーダーを受けろというのか？」

「提案だ。おまえの意見を聞きたい」

「確かに喜ぶお客様はいるだろう。でも手間がかかる、オーダーミスが起きる等の問題がある。その分、人を増やさなければならないかもしれない。かえって、お客様を待たせる可能性もある。費用対効果の点でどうかな？」

お客様とのコラボ

「そこでだ。俺が言った楽をする工夫だ。お客様に注文票を作成してもらうんだ。まぁ、お客様とのコラボだな」

「なんだ、それ？」

「つまり、テーブルに細かいオーダーを表にしたメモを置いて、お客様は、必要に応じチェック印を記入して、食券回収時に店員に手渡すんだ。メモの項目としては、麺の固め・柔らかめ、トッピングの追加、味付けの濃さや辛さ、麺の量等があげられる。この方式のメリットとしては、お客様がオーダー・メードのラーメンを注文できること、食べ残しが減ることがあげられる。デメリットは、今までよりも手間がかかることだ。従って、おまえのいうとおり費用対効果比を検討しなければならない」

「調理場は、そんな細かいオーダーに対応できないよ」

「なぜ？」

「基本的には、俺がラーメンを作っている。混雑時や俺が多忙な時は、アルバイトにも簡単な作業は手伝ってもらうが、やはり、麺のゆで時間の調整やゆで上がった麺の湯切りは素人にはできないよ」

「まあ、技術系の人間や職人は、よくそんな言い方をする。確かに、熟練者とそうでない者の違いはあるだろう。しかし、高級な伝統工芸品を作っているのならともかく、ラーメン屋なら、見切りも必要だ。お客様をいつまでもお待たせするよりも、パートタイマーがそこそこの技量でラーメンをつくって迅速に提供するほうが、お客様にとってはメリットじゃないか？　ファミレスや居酒屋ではマニュアル化が徹底していて、アルバイトが何でもやっているぜ」

「まあ、絶対に不可能という訳でもないが」

「時間に余裕があるときに、おまえの技能を伝授すれば、パートタイマーのモラールも上がると思うよ。おまえ自身も楽になるだろう。エンパワーメントによる組織の活性化と危機管理だ」

エンパワーメントという言葉を聞いて、退職発表後の職場での自分の姿を思い出した。自分がいなくても職場は動くというのは、正直いって寂しいことだ。しかし、都庁時代の職場と違う。大山が倒れたらこの店も倒れる。

「う〜ん。技能の伝授とマニュアル化の徹底か。やってみるか」

「幸いにして、まだこだわりラーメンの売り上げは増え続けている。このままでも、しばらくは大丈夫だろう。そこで、そうだな、２ヵ月後の実施を目指して、計画的に作業をすすめるというのでどうだろうか」

「そうしよう」

「では、再来週までに、簡単なものでいいから案を作っておいてくれるかな」

再びエンパワーメント

神山が帰ったあとで、大山は早速考えた。①技能の伝授②マニュアル化の推進③オーダー・システムの導入だ。２週間後に神山が来る。考えがまとまらず、不安になってきた。大山は、自分は創造的な仕事が苦手だと思った。――公務員生活が長かったからかな。「公務員はつぶしが効かない（転職が困難である）」って言われるけど、全くだよ。どうしよう。都庁の管理職としての経験なんて役にたたないのか？　神山なら、何て答えるだろう。何か、もっともらしいことをいうはずだ。「長所を生かせ」なんてことかな？

大山は、自分の公務員生活から得られた長所を考えてみた。組織間の調整、職場の和の尊重ということかな。みんなで支えあい、もたれあってきた30年だった。——そうか。俺独りで問題を抱え込む必要はない。思い切って従業員に相談してみよう。今や、パートがスーパーや外食店の店長になる時代だ。話に乗ってくれるかもしれない。

大山は、現在3名のパートタイマーを雇っている。2名は主婦で店内の仕事を、1名は若い男性のフリーターで、出前と雑用をしている。大山は全員に、終業後1時間残ってくれるようお願いした。もちろん、その分の手当ては払う。

「皆さん、お忙しいところを、時間の都合をつけてくれてありがとうございます。早速ですが、この店と皆さんのために提案があります。皆さんも、知恵を出してもらいたいと思います」

大山は、一連の経緯を説明した。

「そこで、新しいやり方を導入してこの店の毎月の利益が増えたら、3分の1は皆さんに、3分の1は経営者の私に、残りの3分の1は店の将来の投資に充てるということでどうでしょうか」

質問が続いた。

「パートに覚えきれる仕事なんでしょうか」

「すぐに全部やって下さい、とは言いません。すぐにできること、練習を要することに分けましょう」

「ラーメン作りまで覚えるのは、私には、ちょっと荷が重いかな。今までどおりではだめですか」

「全員にとは、言いません。ただし、オーダー・システムだけは、覚えて下さい。ラーメン作りについては、簡単な部分だけでも覚えて、お互い手伝えるといいかなと思います」

「オーダー・システムは、手間がかかりそうですね。もしも、人手が足りなくなってパートを増やしたら、利益はその新人の給料分だけ減るんでしょうか」

「そうです。人を増やすか、現状で頑張るか、皆さんにも相談します」

「もしも、売上が減ったら、時給も減るのですか」

「現在の単価よりも下げることはしません。ただし、将来、お客様が激減した場合は、申し訳ありませんが、単価の引き下げや退職をお願いする可能性はあります。そうならないように、私も工夫しますから、皆さんもご協力をお願いします」

大山は、都庁の組合交渉をやっているような気持ちになった。

男性が、発言した。

「自分は、麺の湯切りをやってみたかったんです。カッコいいじゃないですか。テレビのグルメ番組でも、ラーメンの味のカギだって、プロの技が紹介されていましたよ」

女性が、続いた。

「私もやってもいいけど、うまくできるかな？　オーダー・システムの注文票は、私が作ってもいいわ。ワープロで打ってきます」

大山は、あわてて言った。

「いや、そこまでやってもらっては……」

話をさえぎって、女性は言った。

「子供が新しいパソコンを買ったばかりで、私もいじってみたいのよ。なにか、作るものがあれば歓迎よ」

もう一人の女性が、やや不本意そうに言った。

「私は、家庭でやることがいっぱいあるし、できたら今のままでお願いします。オーダー・システムについては覚えていきます」

大山は、その女性の体面も守る必要があると考えた。彼女を含め、みんなよく働いている。失いたくない人材だ。

「それで結構です。ただ、これからもこの店を良くすることを意識して、気が付いたことがあったらすぐに教えて下さい。私に気が付かない問題点もあるはずです」

「はい。あの……」

女性は、少しためらっていた。

「なんですか。遠慮なくいってもらえますか」

「外に置いてある灰皿なんですけど、入り口のドアに近いので、臭いが店の中まで入ってくることがあるんです。それに、火が消えていないこともよくあるし。場所をずらすとか、水を入れられる灰皿に変えるとかいうのは、できないでしょうか」

「気付きませんでした。早速、場所を移しましょう。灰皿についても、新しいのを買います」

男性が、提案した。

「買うことないですよ。その分、店の利益が減ります。胡椒の空き缶の大きさがちょうどいいんじゃないですか。汚れたら、いつでも新しいのに代えられるし」

大山は、みんなに相談してよかったと思った。

モチベーションを引き出す

翌週訪ねてきた神山に、大山は経過を話した。神山は驚いた。大山に、そこまでできる意思と能力があるとは思っていなかった。

「すごいじゃないか。ビジネス雑誌のコラムに載せられるような話だよ」

「だめだ。企業秘密だからな」

お互い、顔を見合わせ笑った。

「今回は、俺の力というよりも、いい従業員に恵まれただけなんだ」

「まあ、そうだ」

また、笑った。神山が来てから、こんなうち解けた会話は初めてだった。

「MBAの世界でも、ヒューマン・リソース・マネジメントといって、人事管理は重要な科目だ。『管理』というと、飴とムチとかノルマとかいうネガティブなイメージで受け止められやすい。確かに、社長や人事部が、従業員に『働け、働け』とはっぱをかけるだけという企業もたくさんあるようだ。しかしMBAでいう人事管理は、人材育成、人事考課、モチベーションの向上、効率的な組織の構築等もっと広い意味がある。今回、おまえが行ったのは、まさにラーメン作りの人材育成、参加型経営によるモチベーションの向上、それから売上に応じた報酬というインセンティブ（動機付け）だ」

神山は、続けた。

「インセンティブだが、MBA関連の研究で繰り返し指摘されるのが、金銭的インセンティブよりも、心理的満足度を向上させることのほうが機能するということだ。なぜか。金銭的メリットは、当初は歓迎されるが、やがてそれが当然とみなされてしまうからだ。また、少額の昇給で『感謝しろ。もっと働け』と言っても、モラールを下げるだけだ。おまえが、もし『時給を10円高くします。仕事を増やします』と発表したら、従業員は警戒しただろう。しかし今回、おまえが、従業員のやる気を引き出しつつ、業績に応じた金銭的インセンティブを提示したことは成功だったといえる」

大山は、そこまで意識していなかったが、成功といわれて悪い気はしない。

神山は、話題を変えた。

「欧米では、日本と異なり、転職は特別なことではない。むしろ、転職をキャリア・アップの機会ととらえることが多い。企業も、社員を定年まで雇うことを想定していない。しかし、ノウハウを持った社員が退職する損失、新しい社員に仕事を覚えさせるコストが大きいことも事実だ。そこで、社員の離職率を下げるために、給料・休暇・福利厚生の向上に取り組む企業も多い。一見矛盾しているようだが、コスト・ダウンのために待遇を改善するのだ」

神山は、続けた。

「今回の、おまえの対応の中で光っているのは、消極的な女性の立場に配慮したことだ。本人だけでなく、他の2人の従業員も、この経営者は従業員を大切に思ってくれる、と考えたことだろう。もしもおまえが、その女性に協力を強制したら、3人とも、おまえのことを、使えない従業員はいらないと考える冷たい経営者ととらえて、モチベーションが下がり、転職してしまうかもしれない」

大山は、恥ずかしかった。

「今日は、ベタほめだな」

「俺は、率直に言っているだけだ。最後に、もう一つ付け加える。これは、リーダーシップ論に由来するものだ。おまえは、うまくいったのは『俺の力というよりも、いい従業員に恵まれただけ』と言ったよな。そうじゃないんだ。リーダーのおまえが、方針を示し、みんなと話し合って軌道修正しながら決めたという点がよかったんだ。『民主的リーダーシップ』と称されるものだ。支持をして従わせるという『専制的リーダーシップ』だったら、失敗したかもしれないな」

「ＭＢＡの説明は、説得力があるな。でも、日本固有の人事管理とかリーダーシップ論とかもあるんじゃないか」

「確かに、似たようなものはあった。たとえば、武田信玄の言葉と伝えられる『人は城、人は石垣、人は堀』は知ってるよな。しかし、それらは訓示やことわざみたいなもので体系化されていない。欧米の理論は、そのような概念を実験や実例をもとに検証し、体系的にまとめたものなんだ。ついでに言えば、日本の学者も研究成果を発表しているが、経営学のテキストでは依然として欧米の理論に頼っているようだ」

9　ガリバー都庁

レイアウト

　チームＭＢＡの４人は、新しく割り当てられた事務室のセッティングに追われていた。急な話だったので、会議室を転用したものだった。現在の人数では広すぎる面積だが、居心地は悪くない。知事直属の組織ということで、庁舎管理担当が配慮したのだろう。もしも粗末な環境だったら、何を言われるかわからない、と考えたのかもしれない。

　４人は、レイアウトについて話し合った。いつも、固い話をしていたのでは効率が下がるので、息抜きも兼ねたものだった。もとより、外山は部長室などは要らないと言っていた。４名の組織だ。なによりも、意思疎通が大切だ。ＭＢＡの事例研究や、成功している企業を特集する記事や報道番組では、しばしば、社長や重役が自分の部屋のドアを常に開けていることが紹介される。そうすることで、いつでも社員から意見や情報を受け入れる姿勢を示し、社内の風通しを良くすることの大切さを強調しているのだ。社員のモチベーション・アップや、会社に対するイメージの向上も期待できる。

先山は、４人の机をそれぞれ高い仕切りで区切るキューブ方式を提案した。その方が、仕事に集中できるからだ。話し合いは、べつに小さなテーブルと椅子を配置すればよい。日本の企業でも、既にこのキューブ方式を導入しているところがある。しかし、都庁に限らず、みんなで顔を合わせて仕事という島型の配置が、依然として主流だ。先山は、いままでの職場で部下の様子を観察した結果、この島型が、日本のホワイトカラーの効率性の低さの一因だと考えていた。仕事に関係ない雑談が多く、仕事に関係する話も、だらだらとやっている。つまらない用件で声をかけられ、仕事が中断される。とにかく周囲の雑音が直接入ってくる。みんなが見ているので、終業後も帰りにくく、サービス残業の温床となっている。

守山と佐山は、いままでどおり、島型がよいと言った。それのほうが、お互い話が出来るし、わからないことが聞きやすい。また情報の共有もしやすい。二人にとっては、キューブに隔離されて一人で仕事をすることへの不安感が、本音だったたかもしれない。

外山は、キューブ方式の導入にも魅力を感じた。時として、集中して頭の中を整理したいからだ。しかし、守山はまだ指示待ち的なところがあり、意識を根本から変えさせなければならない。また、守山・佐山には、外山・先山が、ＭＢＡの発想や知識をＯＪＴで教える必要がある。佐山はまだ都庁について知らないことが多いから、その面でのサポートもしたい。

そこで、外山は、決断した。

「先山さんのいうことも、もっともだし、個人的には賛成だ。しかし、せっかく4人の個性が異なる人材が集まったんだ。当面は島型、コミュニケーション優先ということでお願いできませんか」

先山は「そうですね。楽しく仕事をやりましょうね」と即答した。先山は、外山の考えて

いることもよくわかった。それに、他の部署の職員がキューブ方式をみて、「なんだあいつら」と反感を持つことをおそれた。先山は日本社会の横並び主義に対して、しばしば反対の意見を述べてきた。しかし、今回は、机の配置程度の問題でマイナス・イメージを作り出すデメリットの方が大きいと思った。

制御できないガリバー

第一回の知事ブリーフィングだ。外山は念のためレジュメも用意したが、口頭での質疑を期待していた。その方が意思疎通を図れる。4名で入室した。知事は全員を一瞥しただけで、「始めて下さい」と言った。外山は、できたら知事から他のメンバーに一言声をかけてもらいたかった。「よろしく頼むよ」というだけでも、モチベーションが一気にあがる。しかし、やむをえない。外山は早速本題に入った。

「都庁は、制御できない巨大なガリバーのようなものです。組織を制御する者がいないのです。行政について専門家でない議員は、常勤の官僚と比べると、情報量や知識の点で圧倒的に不利な状況にあります。また政党は、それぞれのバック・グラウンドがあり、大所高所に立った議論が困難です。各局長も、それぞれの局の生え抜きの官僚集団を前に、自説の論陣を張って対抗することは大変です。それに局の利益を代表するという立場もありますので発言が制約されます。一方、主権者の都民は、都政に関する関心が薄く、知識も乏しい。盛り上がるのは都知事選の時だけです。法人税を納める企業も、自分の業界と都庁の関わり、たとえば規制・指導・入札等には関心があるでしょうが、その他については無関心です。このような環境の中で、都政の方向性は都庁の官僚集団によって決められ、外部の意見はおざなりにされています」

知事はうなずいて聞いていた。

「しかも、官僚集団は、保守的で前例踏襲に甘んじる傾向があります。また、時として独善的となり、関係する圧力団体とのなれあいも生じます。このような状況を放置していると、また不況となった際は、夕張市の二の舞いになりかねません」

「思い切ったことをいうね。でも、君もその官僚の一員だよ。で、本当に東京都も夕張のようになるの？」

――まずい、夕張市の例で突っ込まれるとは予想しなかった。そうだ、例を年金問題に変えよう。

「国政レベルで大幅な税制改正がなされない限り、当分の間は大丈夫でしょう。地方交付税の不交付団体ですから、財源はふんだんにあるのです。しかし、金があれば『なんとかなるさ』の考えが、無駄遣いや後年度負担の増加につながりやすい。とにかく13兆円の予算と17

万人の職員を抱える東京都です。年金財政の破綻のように、日本全体を巻き込む問題とならないとも限りません」

「でも、ＭＢＡでうまくいくの？　ＭＢＡの本拠地アメリカでは、エンロンなんかの巨大企業がさんざんだったじゃない」

「ＭＢＡで学ぶのは、法令の規制や監査方法ではありません。企業経営、組織管理のガイドラインのようなものです。つまり、基礎的におさえておくべき知識、戦略的視点、そして企業倫理、社会的使命です。エンロンは、この倫理や使命の部分が欠けていたのです」

「で、都庁はどうなの？」

「優秀な官僚集団がいます。しかし、それを総合的に制御していく者がいない。制御していく仕組みもない。正確には、仕組みはあっても有効に機能していないのです。知事・副知事がいらっしゃり、庁議や首脳部会議があっても、それらの機関が適切な情報をもとに妥当な判断をしているかという点で、疑問があります」

知事は、無言だった。

外山は、知事の無表情な様子の裏を探った。——知事は、不愉快だが一理あると思っているようだ。少なくとも、怒ってはいないな。

制御機能の確立

「それで、どうしたいの。端的に言ってください」

「都政の制御機能を確立し、長期戦略を構築することです。そのために、まず、現状の問題点を把握します。その際、ＭＢＡの視点を……」

知事は、話を遮った。

「今ある、いろいろな計画じゃだめなの？　たしか、今までに10以上は作ったかな。どこがちがうの」

「優先順位が明確でないこと、総花的なことが問題です。視点を変えて言えば、何をやらないかが示されていないことです」

――知事が、急に不愉快な表情になった。そんな学者や評論家みたいなことをいうな、と思っているのか。知事自身も、自分が作った長期計画に不満があるのか。真実をつかれると不愉快になるのは人の常だ。フォローしながら議論をすすめよう。

「行政サイドから、『これはやりません』『これは後回しです』というから、反発を受け、批判されるのです。主権者である都民に選択させるのです」

「『都民の選択』か。響きの良い言葉だ。欧米では、レファレンダム（住民の直接投票による意思決定）が多用されているよね」

「日本でも、もっと積極的に運用することにより、国民の政治に関するコミットメントを高めることができると思います。現状では国民が、権限があるのにそれを行使せず税負担の責任のみを負っています。一方で、官僚集団は、権限を行使するが責任は負いません。つまり、権限なき責任、責任なき権限という問題が生じているのです。どちらも、専制政治の原因となります」

「そうだな。で、とりあえずどうするの？」

「ＭＢＡの視点や手法を活かして、都民ニーズを把握・分析します。そして、満たされていないニーズの優先順位をつけます。同時に、不要なサービスについても、不要度に応じて順位をつけます。この一連の作業の過程で、都民のニーズをいかに汲み上げるかを検討し、都民による行政の制御システムの構築を行います」

「世論調査では、都政に対する評価は悪くないよ。積極的に意見を言わない都民は、一応満足しているか、知識がないか、関心がないからだ。あえて行政が、ニーズの御用聞きまでやる必要があるのかね」

「民間企業では、顧客や顧客になってもらいたい層のニーズの把握に、資金と人を投入しています。顧客のニーズに合った商品を作るのは、会社存続の根幹だからです。ひるがえって、行政はどうでしょうか。都民は、法令に基づいて都民税を支払っています。都民に、裁量の余地はありません。したがって、都は都民ニーズを斟酌しないでも済むとも言えるのです。しかし、それに安住してはいけない。なぜなら、都庁の存立目的は、都民の福祉の向上に尽きるからです。裁量の余地を与えることなく税を徴収している者の責務として、都民ニーズを出来る限り汲み上げる必要があるのです」

「そのとおりだな。しかしMBAの力で、都民ニーズの正確な把握ができるのかな」

外山は、安易に「はい」と答えては嘘になると考えた。

「民間にはノウハウの蓄積がありますが、それでも正確にニーズを把握することは難しい。かつて、コカ・コーラがいくつかの試作品を消費者に試してもらい、より高い評価を得た味のコーラをリリースしたことがありました。しかし、実際の市場では多くの消費者が新しい味を受け入れませんでした。やむをえず、もとの味のコーラを再発売したという失敗例がよく紹介されます」

「だから、どうなの」

「従来の世論調査や、都政モニター、パブリック・コメントではカバーできなかった声なき声というかサイレント・マジョリティの意見を何とか汲み取る仕掛けを考えたいと思います。具体的方法は次回報告し、御意見をいただきたいと思います」

「うん。次回だね」

「次のステップですが、ニーズと現実とのギャップを把握し、なぜ優先順位の高いニーズが満たされていないかを分析します。そして、できる限り満たすような戦略をつくるのです。この作業の過程で、既存の都庁の組織や職場風土の問題点が、燻し出されて来るのです。したがって、戦略は個別課題への対症療法的なものではなく、組織の再編成や制度改正、職員の意識改革や人材育成等も含みます」

「ちょっと、待って」

知事は頭の中を整理しているようだった。外山は、いろいろな内容を詰め込み過ぎたと反省した。汗が、額に吹き出してきた。知事は理解してくれるだろうか。

しばらくあって、知事が口を開いた。目は天井を見ている。まだ、整理の段階か。

「いままでの行政計画には、2種類あった。事業提示型の計画と、行財政改革型の計画だ。もちろん、両者にはオーバーラップする部分があるし、君たち役人は、両者は整合性がとれているというだろう。しかし、基本的な出発点や目的が全く異なる。事業中心の計画では、財源や人員は事業計画に従って配分される。行革の計画では、削減・廃止の数字合わせが最優先事項で、個々の事業はその数字合わせの結果の財源と人員の枠の中で執行することとなる。違うか」

「おっしゃるとおりです」

「で、君の案だと、都民ニーズから出発して、ニーズと現実のギャップ、そして新規事業と行革か」

「民間の場合、ニーズの把握、ニーズに合わせた新製品開発、売れない製品の製造中止の意思決定があって、それに従った組織を編成し人を配置します。その考えを都庁にも適用する訳です。知事の御指摘のように、行革は、財政危機の際の数字合わせを目的として行われるという点が、民間との根本的な違いです」

「うん」

「もちろん、民間でも不況の際に、ただ数字合わせで首を切り、資産や事業を売却しているところもあります。しかし、短期的な帳尻合わせのために有能な人材を流出させることは、中長期的には時代の変化に対応した事業の展開を困難にして、かえって会社にとってマイナスとなります。社員のモラール・ダウンの問題もあります。また、不況時に資産や事業を売却する場合、買い叩かれて、長期的には企業の損失になるおそれがあります」

「そうか。だんだんわかってきた。次回の報告では、具体的な案を持ってくるんだろう?」

イエスとしか答えようがない。ただ、まだ先が読めない。具体的に語れる段階にはない。とりあえず、今年度、都民ニーズ、ということでまとめてしまおう。

「はい。今年度に何を具体的にやるか。次回は、都民ニーズの把握等について、案をお持ちします」

お疲れさま

事務室に戻った4人は、早速結果の検討に入った。外山は、汗がジャケットの背中にまでしみ出ていた。他の3人は、外山の緊張した気持ちをいたわり、「お疲れ様でした」と声をかけた。

「どうも、ありがとう。一人だけしゃべって申し訳ありませんでした。10分という限られた時間で知事に理解してもらい、意見を頂くということなので勘弁して下さい」

先山が応えた。――外山さんは、私たちに配慮していると言いたいのね。個人的には私も発言したかったけど、今日のプレゼンテーションの内容なら、一人でやった方がわかりやすいわ。

「外山さんが代表して発言するほうが、知事も混乱しないでよかったと思います」

「次回以降、具体的内容に入ったら、皆さんにも直接発言をしてもらう機会があるかもしれませんので、よろしくお願いします」

守山も、額の汗を拭きながら言った。

「私たちも同席させてもらい、知事の頭の中がなんとなく見えてきた感じがします。でも、外山さんはよくもあれだけ次から次へと言葉が出てきますね」

「まあ、プレゼンテーションには、はったりも大切だ。自信なさそうだったり、とまどったりすると、信用してもらえなくなる。とにかく、いろいろな状況や質問に対処できるように、頭の中に情報の引き出しをたくさん用意しておくんだ。あとは、相手、今回の場合は知事が、本当は何を望んでいるかを探ることだ。人間は、本当に望んでいることを、口に出さないことが多い。また、潜在的に要望や不満を持っていても、本人自身が気づいていないこともある」

佐山が、賛同した。

「そうですね。窓口で、税金が高いだの、役所は公費を無駄遣いしているだの、長々と演説する人がいますが、本当に望んでいるのは税金の減額や、納期の猶予だったなんてことがよくありますよ」

守山も、続いた。

「そういう人に、最初から『減額の相談ですね』なんていったら、否定して怒り出すかもしれませんね」

先山も、別の例を紹介した。

「ＭＢＡの課程で、顧客のニーズの把握という視点からよく紹介されるのは、アメリカのサウスウエスト航空です。航空会社の宣伝は、普通、快適なシートと充実した食事、親切なアテンダントを売り物にしています。航空会社は、それが多くのお客様の望んでいることだと思い込んでいました。しかし、サウスウエスト航空は、逆にサービスをしないことで低価格を実現し、多くの顧客を獲得しました。実は、多くの旅行者にとって、飛行機は移動手段であり、サービスよりも価格のほうの優先順位が高かったのです。このサービスを省く考えは、no-frills と呼ばれています。ビジネスホテルの例もあります。あるホテル・チェーンが顧客ニーズを改めて調べたところ、優先順位の高いのは清潔な部屋とベッドでした。そこで、付随的な設備やサービスを廃止して低価格を実現し、顧客を大幅に増やしました」

守山は、やや納得しがたい様子だった。

「でも、顧客のニーズに合わせるなんて、当たり前の話ですよね。逆に、手厚いサービスを求める客もいるはずですが」

「よい指摘です。ポイントはニーズの優先順位です。当時、他の多くの航空会社やホテル・チェーンは、様々なサービスを提供することが顧客を引き付け会社の利益になると思い込んでいたのです。また、既存のサービスを減らすことによって、お客様を失うというリスクを冒したくなかったのです。しかし、サウスウエスト航空は、多くの顧客にとっては料金の優先順位が高いことに注目して、成功したのです。ちなみに、ファーストクラス、ビジネスクラスは、高価格で航空会社にとっておいしい部分である、とは限りません。路線によっては、顧客が少ないため、上級クラスの席の収支が赤字となっている事例もあります。ただ、赤字であっても航空会社にとって、上級クラスの席を廃止する、金持ちの顧客を失う、という決断は躊躇するのかもしれません」

「なるほど。では、今日の知事の話から判断すると、知事の求めていることは何でしょうか」

外山が応えた。いつもと違い、声が小さかった。

「知事は、現状を打破したい、そのために何かやりたいと考えている。しかし、具体案は持っていない。ＭＢＡでうまくいくなら、やってみたい。都民ニーズの把握からスタートでよい。案を出せ。といった感じだったと思うけど……。そんな様子で良かったかな」

先山が応じた。

「そのような流れでした。もっと、自信を持ってください」

「いやぁ。議会で答弁していると、その場の応対に一生懸命で、前後の記憶が整理できないことがよくあるんだ。最初の質問の回答を考えているうちに次の質問を続けられると、収拾がつかなくなってしまうことがあるんだよ。まあ、そういう場合は、最初の質問に心を集中して答え、次の質問には推定で答えて、再質問を促すようにしたけどね。後に控えている皆さんは、答弁者の外見のみで判断しないで、自分が答えるつもりで、準備しておいて下さい」

そんなものなのか、と一同納得した。

「では、都民ニーズの把握ですが、各自の案をまとめて、来週月曜日の朝一番で話し合いましょう。佐山さんもお願いしますよ」

佐山は、とまどった。自分は聞き役、サポーター役でいいかな、と思っていたからだ。

「どの程度のものを用意すればいいんでしょうか」

「企画書といったものでなくていいです。そうですね。今回、最低限必要なのは、概要、既存の方法の問題点、新しい方法、メリット、デメリットにしましょうか。A4判1枚で、簡潔にまとめて下さい。まだ、フリー・ディスカッションの材料程度のレベルで結構です」

四家争鳴

翌週、4名は各自の案を持ち寄った。

外山が、まず進め方を提案した。

「どうでしょう。まず4名の案を手短に紹介して、それからその案をもとに議論するというのは？」

一同、異存はないので、早速若い順に発表することにした。佐山が先頭だ。

「自分は、インターネットを通じたアンケートのようなものを考えました。現在のアンケート用紙による回答ですが、一般人が質問項目についてきちんとした知識をもって回答しているとは思えないですね。例えば実際にあった話ですが、『東京は、海外の都市に比べて道路整備が不十分だ』と主張していた人が、都心部では道路を１００ｍ延伸するのに何十億円かかると聞くと、『東京都の今までの努力は素晴らしい』と納得していました。これは、基礎的情報を持っているかどうかで、認識が正反対になってしまう典型的な例です。私の案は、インターネットに分野別に設問を出して、興味のある設問のみについて回答をもらうものです。ついでに、関連情報のリンクも張り付けると、回答者にとって便利で回答の質が高まると思います。メリットは、参加しやすいこと、情報のフィードバックも同じホームページで迅速に行えること、費用が格安なことです。デメリットは、匿名性のためにデータの信頼性が低いことです」

外山は、言った。

「コメント等はあとでまとめて行いましょう。でも面白い案ですね。次はどちらかな」

守山が、「私がやります」と名乗り出た。守山は考えていた。――年は先山さんと同じだが、多分先山さんの案の方が優れているだろう。先にやった方が気が楽だ。

「私は行政課題を絞って、テレビで少人数の討論会を開くという案です。経過や結果は、インターネットでも公表します。参加者は指名と公募を併用し、選考は、年齢、性別、賛成か反対か、討論にふさわしい見識があるか等を基準に第三者機関が行います。既存のタウンミーティング等では、一人一問一答となりがちで議論が深まりません。メリットは、掘り下げた議論ができること、デメリットは、参加者の質の確保と選考方法の公平性です」

次は、先山だ。

「私は、利害関係者が参加する集中審議会を考えました。たとえば、毎週1回4時間で2ヵ月といった感じです。審議の経過は、映像と文書でインターネットに掲載します。従来の審議会は、1~数ヵ月に1回、2時間程度というもので、結局、行政主導の案のアリバイ作りになるか、けんか別れになるかです。メリットは、議論が深まること、デメリットは、議論に耐えられる人材を集められるかということです」

外山が、最後に報告した。

「私は、インターネットを使った都庁提供の〝2ちゃんねる〟のようなものを考えました。従来の世論調査や都政モニターについては、都民も職員も関心が低い。2ちゃんねる方式のメリットは、面白い、読んでみたくなる、結果として投稿が増えるというサイクルが期待できる。デメリットは、投稿の質と品位の確保が困難だということです」

都民ニーズはどこだ

案が出揃ったところで、外山が一同に促した。

「では、各自の案を参考に、とりあえず自由に意見を出し合いましょう」

先山が口火を切った。

「いくつかのポイントが、指摘されています。
①アンケート用紙による世論調査は、都民の本当のニーズを反映しているとは限らない。そこで、インターネットを活用し、都民が、自らの関心のある分野に主体的に投稿・情報収集・結果の閲覧ができるようにする。
②既存の審議会やモニターは、議論が深まらず、行政のチェック機能を果たしていない。そこで、集中的審議会やインターネットによる意見交換を行う。
③インターネットのアンケートや自由投稿では、参加者の本人確認・回答の質の確保が問題になる。
④集中審議会やインターネットの会議では、参加者の選考と資質の確保、議論の展開方法が問題となる。
⑤どの場合も、都民、職員が興味を持つものとなるよう工夫する」
守山が、控えめに発言した。

「いろいろ前例を調べてみたんですけど、ある市で、テレビ番組を参考にバトル・トークという徹底討論会をやったんです。しかし、議論が盛り上がらず、1回やっただけで廃止となりました。聴衆は、動員をかけられた役人と出席者の知り合いがほとんどだったようです。また、行政課題を示してインターネットでパブリック・コメントを募集する例は普及してきましたが、投稿は少数に留まり、また、聞きおくだけ、または一般的な回答があるだけといった場合が多く、興味を持って参加、閲覧したいと思う内容ではありません」

外山は問いかけた。

「なんで、市民は参加しなかったんだろう」

佐山は自分の感想を述べた。

「素人のバトル・トークなんて、つまらないでしょう。テレビでやっているのは、トーク・ショーのプロみたいな人たちで、著名人も多く、大衆受けする発言をしているから、視聴者をひきつけているんじゃないですか。次に、パブリック・コメントは面白くない。聞き置くだけでアリバイ作りのためにやっているとも思える。2ちゃんねるなら、過激できわどい面白さやハプニングがありそうだし、タイトルがたくさんあるから、ブラウジングする楽しみもあります」

先山は、佐山の話に反応した。

「佐山さん、率直な指摘ね。たしかに役所の広報・公聴にはつまらないことが多い。それは、お客様のニーズに対応するという発想を見落としているからよ。だからインターネットを使った案を実施する場合、都民が参加してみようかなと思うような工夫が必要です。私は、『because』という、主に女性を対象としたアンケート専門サイトに登録しています。ライフスタイル、買い物、エステ等のアンケートに回答すると、ポイントがたまって景品と交換できるという特典があります。集計結果も見ることができるので、自分が回答したアンケートについて世の中の人がどう考えているか、チェックしてみると面白いですよ。企業は、このサイトに登録されたより詳細なデータを有償で取得し、市場動向の把握に活用することもできます。私もＭＢＡの事例研究で、チョコレートに関する消費者の嗜好のデータを使わせてもらいました」

外山は、話題を変えた。

「私も、今度そのサイトを見てみます。とりあえず次のポイントに移りましょう。集中審議会やインターネットの会議での、参加者の選考と資質の確保、議論の質の確保についてはどうでしょうか。たとえば外形標準課税の拡大なんていうと、黙っていても関係団体が著名な学者や評論家を引っ張ってきて反対の論陣を張りそうですね。もちろん賛成の学者や評論家もいるわけですから、釣り合いを取ることもできるかな。東京都が拡大したいと考えている場合、自らの中立性を保つよう留意することも大切ですね」

守山が、別の例を出した。

「オリンピック立候補なんて、都民にとってはいつのまにか決まっちゃった、って感じですね。まぁ、開催反対派を含めた関係者や都民代表の検討会を作って議論しても、賛成派に分があったでしょうが……。今後、運営方法についての集中審議会を企画して、都民やマスコミをうまく巻き込んだら、反対派の意見も斟酌して軌道修正がありえるんじゃないかと思います。愛知万博は、環境への配慮が争点となり、かなり議論されたようです」

先山が、追加した。

「もっと大きなレベルではどうかしら。東京都の予算6兆円の配分方法の妥当性はどうかなんて。関係者の範囲が広範で、人選をどうするか。民間からは、福祉、保健、都市計画、土木、建設、金融、商業、工業、農業、教育の関係者が参加することになるでしょう。それに都議と区市町村も入れないと。観光も入れろ、外国人代表がいないじゃないか、IT関連からも、自然保護はどうした、障害者は入るんだろうな、民間のオンブズマンに1議席をなんて話になると収拾がとれなくなります。まあそうなったら、担当者はかえって喜ぶかもしれないわ。全員をいれて、100人会議なんて形にすれば、議論が深まらず、行政主導で進めやすくなる。でも、そうなったらチェック機能は果たせないですね」

一同、黙ってしまった。
都民ニーズってどうやったら汲み取れるんだ？

パート4 跳躍編

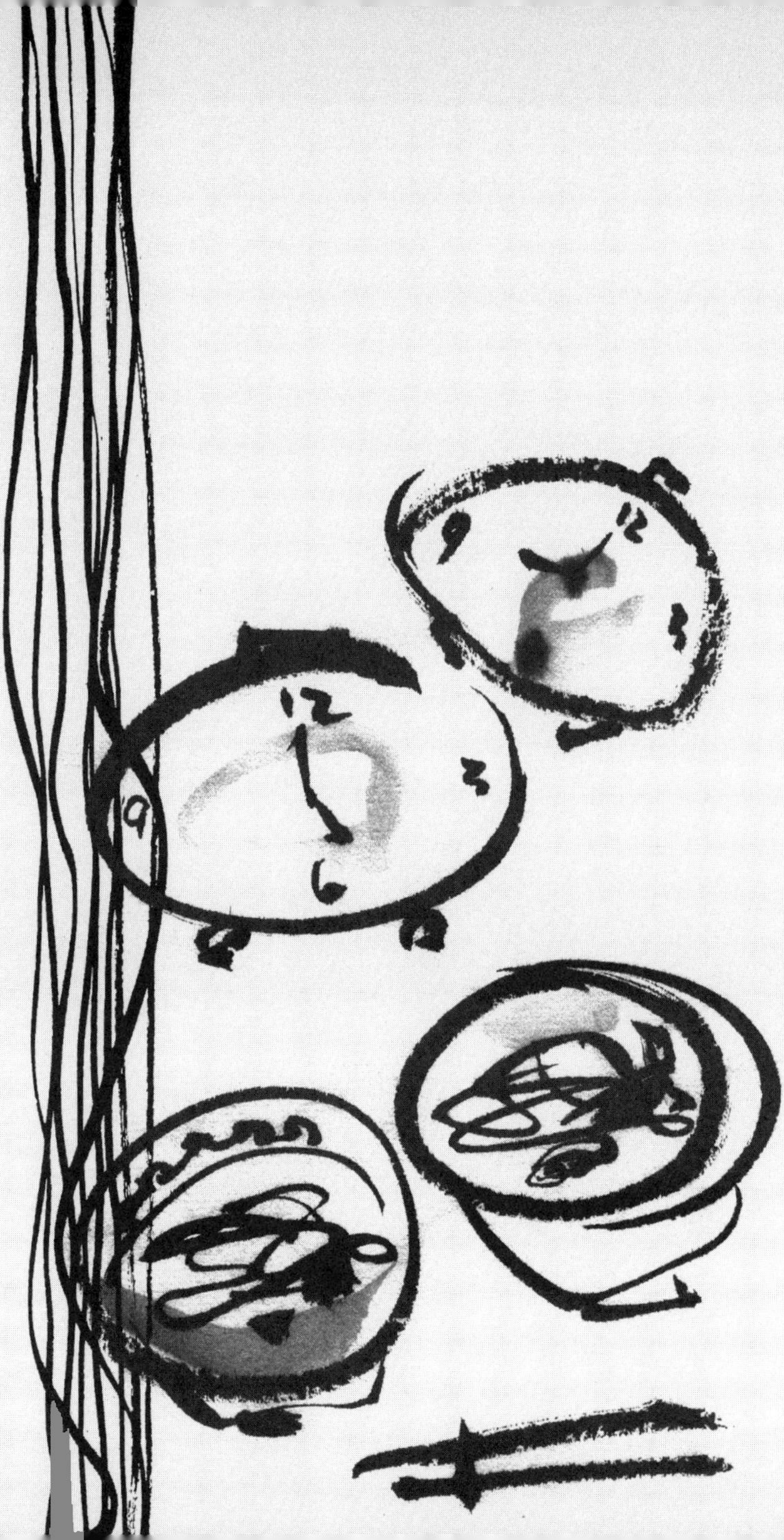

10 ラーメンより談合

新規参入のハードル

　オーダー・システムは、当初は試行で実施することとした。オーダーの内容は、当初は4項目とし、客の反応をみることとする。麺の硬さ、味付けの濃さ、辛さ、ねぎの増減だ。麺の増減、トッピングの追加は、食券販売機で対応することにした。

「麺はやわらかめ」の注文が多かった。大山は、原因がなんとなくわかった。グルメ系ラーメン店は、どちらかといえば麺のコシにこだわりがあり、固めで食べ応えのあるものを好む傾向があるようだ。大山も、知らず知らずにその傾向に取り込まれて、お客様の平均的ニーズからずれていたのかもしれない。

　大山は、考えた。——まだ、薬膳ラーメンの売上は、少しずつ伸びている。本格実施は売上の伸びが止まった時点でもいいかな。神山に相談してみよう。

　神山は、即答した。

「今、始めたほうがいい」

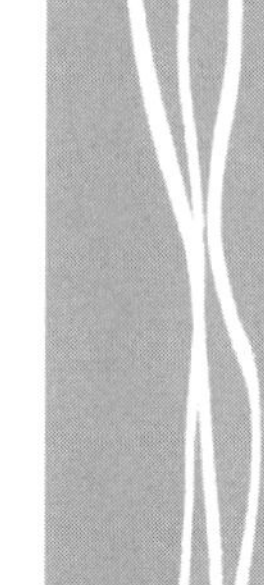

「なぜだ」

「もしも、この店がこの地域の外食の独占企業だったら、先延ばししてもいい。というより、なにも苦労してオーダー・システムなんてやる必要ない。利益が最大となるように、ベーシックなものを売ればいい。田舎の小さな駅前の食堂なんかは、そんな感じだろう。競合店が進出する程の需要がないとすれば、そこそこのサービスで十分だ。しかし、この地域は違う。ファイブ・フォース分析でわかったように、外食業界は新規参入と模倣が容易だ。今話している間も、開店をもくろむヤツが偵察に来てるかもしれないぞ」

大山は、思わず店内を見渡した。

「そこでだ。新規参入のハードルを高くしてしまうんだ。最初から参入させないためのコストと、参入されたあとで競争するコストを考えてみろよ。客を奪い合うために、値引き合戦、サービス合戦で大変だぞ」

「そうか。偵察者がオーダー・システムを知ると『少し手ごわいな』『自分たちも同じことをやらないと勝てないな』なんて考えて、この地域での開店は思い留まるかもしれないな」

大山は、速やかにオーダー・システムを正式に実施することとした。

うれしい苦情

大山の店は、その後も好調である。薬膳ラーメンのオーダー・システムを利用する者が増えてきた。出前も来客数も増え、パートタイマーを増員した。従業員も厨房の作業の多くを分担するようになったので、大山はむしろ楽になった。利益も増えた。従業員には約束どおり、利益増加分の3分の1を等分して渡した。

キッズ・ルームは客が増え続け、4時まで延長した。それでも客がいっぱいで断ることがある。

大山は、神山にどうしたらよいか相談をもちかけたが神山の回答はクールだった。

「おまえ、少しはましな経営者になったかと思ってたけど、まだまだだな。どうして自分で考えないんだ?」

「だって店の広さは決まっている。営業時間を伸ばして昼と夜をつなげてもいいかなと思ったけど、気が休まる時間がないよ」

「選択肢は、論理的に4つあるな。①今のまま。②営業時間を延ばす。③現在の店を改装してキッズ・ルームを広げる。④新店舗を出す。で、どれがベストの選択か、よく考えてみよう」

「うーん。まず可能性で考えるか。①は、もちろん可能だが、お客様を断るのは精神的に辛い。泣く子を抱えて帰る後ろ姿をみると罪の意識みたいなものを感じるよ。②は、人を増やせば可能かな。得意のエンパワーメントで対応できる。しかし、同じお客様がずっと居続けるようになると回転率が落ちるな。うちは保育園じゃないんだ。③は、スペース的に難しい。とにかく、この店のメーンは薬膳ラーメンだから、キッズ・ルームに明け渡すことは出来ない。④は、金と自信がないから不可能だ」

「どの選択肢も問題があるな。じゃあ、いつものように原点に戻って、お客様の立場に立って考えてみよう。キッズ・ルームのお客様の様子を観察して、ニーズを探るんだ。もちろん、聞き取りをしてもいい。では2週間後にまた来る」

——神山のヤツ、いつも宿題を出しやがって。しかし、今度は自信のある回答を考えるか。言いたいことばかり言わせておくのも面白くない。

キッズ・ルームの謎

大山は、キッズ・ルームを観察した。お客様は、食べて、くつろいで、おしゃべりをして、雑誌を読んで、居眠りをして、30分~1時間程度で帰っていく。話がはずむと、2時間近く滞在する常連もいる。乳児は、たいてい寝ているか泣いているかだ。幼児は、部屋の中を駆け回って騒いでいることが多い。

——さて、神山になんて報告しようか。「特に変わったことはなかったよ」なんて言ったら、したり顔で「おまえは、経営者として成長していない」「お客様の気持ちがわかっていない」なんて言うかもしれないな。どうしよう?

大山は、直球勝負しかないと思った。数組いる親子全員に向かって声をかけた。

「私が店長の大山です。いつも御利用頂き、誠にありがとうございます。当店は、味自慢の薬膳ラーメンで、地域の皆様に貢献したいと存じます。おかげ様で、当キッズ・ルームも、連日の盛況で入れないお客様もいらっしゃる程です。つきましては、ラーメンやキッズ・ルームの改善に向けてなんなりと御意見・御要望をお聞かせ下さればと存じます」

気まずい沈黙が続いた。一人の母親が遠慮がちに言った。

「まあ、こういう子供連れで来られる場所があって助かっています」

他の母親もうなずいた。

「ありがとうございます。他に御意見は?」

「とにかく、この場所を続けてくれれば助かります」

一同、またうなずいた。

「ラーメンの味とか、メニューとかはどうですか」

「えーと、満足してます」

今度は、他の客の反応は鈍かった。また沈黙が続いた。

大山は、もう切り上げようと思った。これ以上聞いても意見はないだろう。

「どうも、おじゃましました。ご意見があったら、いつでも遠慮なくお申しつけ下さい」

大山は、逃げるようにキッズ・ルームから出てきた。——あのお客様たちは、何を考えているんだろう。

大山は、女性の店員に、同じ質問をしてみた。

「そうねぇ。私がお客様だったら、部屋がもう少し広ければいいかな。ベビーベッドが1～2台あれば助かる。仕切りのついたおもちゃの部屋があって、絵本の本棚がもっと充実すると喜ばれると思います」

大山は、心の中で叫んだ。——うちは、保育園じゃないよ。

しかし、気を取り直して、ラーメンのほうに話題を移した。

「ラーメンについては、どうでしょうか」

「……」

「なんでも率直に言って下さい」

その店員は、目をそらしがちに言った。

「特に、苦情や要望はないみたいですね」

大山は、もやもやとした気持ちになった。みんな、何か言いにくいことがあるんだろうか。

市販の食材も使っているから、世間並みの味に近いことは認めるけど、まずくはないと思う。

考えにふけっていると、女性が一人で店から出て行った。タバコかと思ったが、なかなか帰ってこない。「まさか、捨て子か?」キッズ・ルームをのぞいたが、誰が誰の子かわからない。

1時間位したら女性が戻ってきた。大山と視線があった。

「すみません。医者に行ってたんで」

「お子さんは?」

「友達に頼んであるんで大丈夫です」

女性は、キッズ・ルームに戻っていった。

――うちは、保育園じゃないって。

ラーメンより談合

神山は、大山から一連の経過を聞いた。

大山は、言った。

「まあ、具体的要望がないというのは、満足しているということかな?」

「おまえは、満足していないみたいだけど」

「うん。『子連れで来店できて助かる』『ベビーベッドやおもちゃを置いてほしい』なんて回答ばかりで、ラーメンについては無関心だ。子供を置いて医者に行くなよ。うちは保育園じゃない。ラーメン屋なんだ」

神山は、やや間を置いて言った。

「さすが、大山だ。俺が指導した成果が表れている。いい情報を集めたじゃないか」

「皮肉をいっているのか?」

「では、はっきり言おう。おまえは、いい情報を集めたがそれの評価ができていない。お客様の視点で考えていないんだ」

「……」

「お客様にとって、この店は喫茶店、保育園みたいなもんなんだ。それなのに、おまえは、グルメ系のラーメン屋だと思い込んでいる。だから、お客様や従業員との間の話がしっくりいかなかったんだ。味を自慢にしているおまえに、『ラーメンは、普通の味で十分です』なんて、言えないもんな」

——そうか。だから、ラーメンの話題には、乗ってこなかったのか。

神山は、続けた。

「児童虐待や育児ノイローゼが深刻な社会問題となっている。子育て中の母親にとって、社会から隔離されて自宅で過ごす時間が、耐えられない孤独や苦痛となることがあるんだ。しかし、小さな子連れでは行動範囲が制限されるし、外食では他の客に気兼ねする。その点、このキッズ・ルームは好都合だ。子連れで安心して入れる、他の母親達と会話ができる、時には子供の世話を頼める。居眠りしても誰かいるから安心だ。ラーメンは、付随的なサービスなんだ。おしゃべりを楽しみに来るお客様にとっては、『ラーメンより談合』なんだよ」

「……わかったよ。事実は受け入れるよ。でも、『うちはラーメン屋なんだ』って思うのは、そんなにわがままか」

「『わがまま』という価値観の入る言葉は、ビジネスを議論する際は不適当だ。客観的に語ろう。現実を見てくれ。『最終的な決定者はお客様だ』ということは、普遍的真実だ」

まだ、十分に納得していない大山を見て、神山は例を示した。

「コンビニエンスストアは、最初からコンビニエンスストアだったんじゃないんだ。その起源は、20世紀初頭のアメリカだ。ある製氷業者が氷の小売をしていた。冷蔵庫のない当時、氷が買えない時間帯があることは、顧客にとって大きな不便だった。そこでこの業者は、夏の間だけ休日なしで16時間営業したんだ。さらに顧客は、氷だけじゃなくて牛乳や卵等も売ってくれればと提案した。経営者は、これは新たな事業になると判断して、現在のコンビニエンスストアの礎を作っていったんだ」

「じゃあ、この店も保育園に変われというのか」

「保育園とは言わないが、お客様のニーズに応じて変化することを考えてくれ。行政サービスでも、話は同じだ。コンビニのように24時間開いている図書館なんかどうだ」

「そんなの必要ないよ。費用対効果比やセキュリティの点で問題外だ。近所からも、苦情が来るよ」

「しかし、実はあったんだ。かつて鉱山・製鉄で栄えた岩手県の釜石では、たくさんの労働者が24時間交代制で働いていた。真夜中にも図書館の需要があった。そして、行政もその需要に応えたのだ」

「でも、ここは民間企業だよ。採算度外視で、保育園なんかやってられないよ」

「もちろん、利益をあげるんだ。利益の出ない企業は存続できない。存続できないと、サービスを利用してきたお客様や従業員にも迷惑をかけるだろう？」

「わかった。じゃあ、この前の４つの選択肢について、お客様のニーズの充足と採算という点からもう一度検討してみよう」

大山は、納得した様子で、一つひとつとりあげた。

「『①今のまま』は問題外だ。『②営業時間を伸ばす』は、人の手配が出来れば可能だな。でも長時間居続けるお客様からは別料金を頂く必要がある。『③現在の店を改装しキッズ・ルームを広げる』は可能だが、薬膳ラーメンの顧客を失う損失との見合いでの判断だ。『④新店舗を出す』は、人と金の手配が課題だ。融資が受けられれば可能だ」

「で、おまえの優先順位はどうなんだ?」

「④については、この年で借金するリスクは冒せないから×。②か③だ。②を実施しても、店の面積が変わらなければあまり効果はない。そうすると③か。しかし、薬膳ラーメンを捨てるのは心残りだ」

神山は、アドバイスした。

「薬膳ラーメンはカウンターで数席残すこととし、それ以外は出前で対応する。キッズ・ルームからは、防音のパーテーションで仕切るということでどうかな」

「そうだな。その辺りが、落とし所だ」

お客様の参加

神山は、提案した。

「今回は、改装計画づくりについて、お客様にも参加してもらわないか。役所でもよく『住民参加』っていうじゃないか。参加している実感はないけど」

「まあ、行政の場合、アリバイ作り的なところがあることは否定しないよ。だって、専門的な審議会や協議会、公聴会に、素人が予備知識なしで出席しても、役人の説明を聞いているだけだよ。とても参加とは言えない。でも、問題意識を持ってきちんと勉強してくる住民には、役所も真剣に対応すると思うよ。やり取りが記録に残るからね」

「この店によく来るお客様は、店の改装と聞けば関心を持って参加するんじゃないか。とにかく、キッズ・ルームはここしかないんだ。ただ、聞き方は工夫したほうがいいな」

「うん。この前は気まずい思いをしたよ」

「消費者のニーズの調査をする際は、電話、郵送、個別面接、集団面接等がある。それぞれに長所、短所があるから、今回やろうとしている調査に最も適したものを選ぶんだ。

電話、郵送方式は、多数の人から回答を集めて分析するのに便利だ。しかし、設問や選択肢の設定に注意しないと、真実を反映しないおそれがある。設問を多くしたり複雑にしたりすると、回答者が途中でギブアップし、回収率が落ちたり正確な回答を得られなかったりするという問題もある。個別面接方式は、調査員と対象者が直接面接する。1件あたりの手間はかかるが、回答が確実、迅速に得られる、信頼性が高いというメリットがある。対象者数は少数とならざるをえず、想定している集団を代表した意見が確実に得られるかという点では劣っている。集団面接では、相互のコミュニケーションにより議論が深まり、様々な意見・見解、想定しなかった事実を導きだすことが期待できる。しかし、特定の者が議論をリードし過ぎたり、ポイントをはずした議論に終始したりするおそれがある。では、どの方式を選ぶべきかな」

「キッズ・ルームの使い勝手についてだから、自由に意見を言ってもらったほうが、成果がありそうだ。しかし、個別面接方式はセクハラなんて思われると困るし、相手も緊張するだろうから却下だ。集団面接方式は、魅力的だがボスみたいのに仕切られると、不愉快と感じたお客様が離れてしまう。どうしたものかな」

「いいとこ取りでいこう。集団面接方式を基本とするのが妥当だと思う。しかし、特定のお客様が仕切らないように、事前にアンケート用紙を配付し、広く意見を集めておくんだ。それをベースにバランスよく討論してもらう、というのはどうだろうか」

オアシス

大山は、早速アンケート用紙をお客様に配付し、2週間以内に店に提出すればティッシュ・ペーパーを一箱渡すこととした。内容は簡単にした。①新たに欲しいもの②今あるがいらないもの③不便を感じていること④自由意見、の4項目だ。神山が「アンケートは出来る限り簡素なほうが、回収率も高く、正確な回答が得られる」と言っていたからだ。

大山は、少し心配した。——無理な要求や苦情を書かれるのではないか。神山にこんな不安を訴えると、「お客様は、いつも正しい」「苦情は、宝だ」なんて答えるんだろうな。とにかく聞いて見るか。大山は、神山に電話し心配を伝えた。

「大山、ずいぶん成長したじゃないか。役人時代だったら、無理な要求だろうが妥当な要求だろうが、ただ神妙な顔で聞きおくだけだったんじゃないか。しかし、今のおまえは違う。お客様の声をしっかりと受け止めようとしているんだ。まあ、今、ああだこうだと推定をして心配するのは時間の無駄だ。具体的結果が出てから考えよう」

——一応、ほめられたのかな?

2週間後、回答をまとめてみた。

①新たに欲しいもの

ベビーベッド、おもちゃの部屋、巨大テディベア、滑り台、ボール・プール、ベビーサークル、個室、プラズマ・テレビ、インターネット、ディズニーのアニメ、マッサージ・チェア、ドレッサー、シャワー・ルーム、ベッド、寝転べる空間、枕と枕カバー、週刊誌、ファッション雑誌、注文のチャイム

②今あるがいらないもの

香辛料、調味料(子供がいたずらする)、雑巾(ティッシュか紙ナプキンのほうがいい)

③不便を感じていること
込んでいて入れない。予約できない。ときどき怪しい感じの人がいる。うるさい集団がいる。食事の持ち込みをさせるな。お菓子を持ち込んでいる人がいる。プライバシーがない。

④自由意見
絵本を増やす。講座を開く（英会話、ヨガ、フィナンシャル・プラン、年金等）。子供を3時間位預かってくれると用足し（病院、美容院、買い物、介護等）が出来る。料金を払ってでもゆっくりしたい。


大山は、神山にまとめを見せながら言った。

「いやぁ。色々とあるもんだ。まあ、参考になるのと、ちょっと無理というのがあるな」

神山は、提案した。

「とりあえず、これをそのままたたき台にして討議してもらおう。ただ、漫然と渡すだけだと『全部実現して欲しい』なんてことになりかねない。①については、5段階で優先順位をつけてもらおう」

キッズ・ルームの様子をみはからい、居合わせた客数名に、アンケート結果について意見を聞いた。
結果は、以下のとおりだった。
①新たに欲しいもの

評価	項目	コメント
5	ベビーベッド、週刊誌、ファッション雑誌	ぜひ欲しい
	ベビーサークル	食事、トイレ、読書、買い物、いねむりの時に便利
	注文のチャイム	セキュリティにもなる
3	おもちゃの部屋	場所があれば欲しい
	ボール・プール	
	ドレッサー	安全に配慮必要
2	マッサージチェア	有料だと使われないでじゃまなだけ
2	巨大テディベア	すぐ汚れる
1	滑り台	けが、うるさい
1	個室	無理でしょう
1	インターネット	個人の独占・長居の原因になる
1	シャワールーム	自宅で十分
1	ベッド、寝転べる空間、枕と枕カバー	食事しているそばで寝られるのは不愉快
5・1	プラズマテレビ ディズニーのアニメ	テレビはうるさい アニメビデオを見せたい

②今あるがいらないもの
香辛料。調味料。雑巾。（コメント……賛否両論）

③不便を感じていること
込んでいて入れない。予約できない。ときどき、怪しい感じの人がいる。うるさい集団がいる。食事の持ち込み。プライバシーがない。（コメント……予約制を検討して欲しい。マナーの悪い客には注意して欲しい。おしゃべりの部屋と、静かにくつろぐ部屋を分ける。お菓子の持ち込み程度はOK）

④自由意見
絵本を増やす。講座を開く。子供を3時間位預かってくれると、用足しが出来る。料金を払ってでもゆっくりしたい。（コメント……講座は、子供がうるさくて無理だ。有料で預かって欲しい。保育士を配置して欲しい）

大山は、神山に先にアドバイスして欲しかった。しかし神山は、大山にどうするか聞いた。

「大山、この結果をどう見る?」

「参考になると思うよ。①の評価5になったものは、費用・スペースの点でもなんとか実現可能だからやってみようと思う。大き目のおしゃべりルームと小さめのやすらぎルームなんていうのはいいアイデアだ。まあ、子育て女性のオアシスみたいなもんだな。子供を預かるというのは、責任のとれる人員配置が必要となる。現状では、費用効果比の点で困難だ」

「まあ、そうだな。この地域では、この店がパイオニアだ。とにかくやってみて、軌道修正を随時行うこととしよう。子供を預かる件については、どれぐらいのニーズがあるかを確認してから検討することとしよう」

トレード・オフ

キッズ・ルーム拡張の方針が決定した。しかしその分、薬膳ラーメンの席は減る。グルメ系のラーメンに未練のある大山は辛い。なんとかならないか。また、「神山、どうしよう?」である。この店は、キッズ部門と薬膳部門がトレード・オフ(二律背反)の関係にあるのだ。

神山は、淡々と応えた。

「できる限りの検討をして方針を決定したんだ。経営者がぐらついてどうするんだ」

「でも、せっかくオーダー・システムを導入したばかりだし、何とかできないか」

神山は、大山の気持ちもわかる。——何かいい方法はないか、話をしながら考えよう。

「企業には、既存のお客様との取引の維持・拡大と、新規開拓という2つの課題がある。もちろん、どちらも大切だ。しかし、費用効果比を考えると、新規開拓のコストの方が、既存のお客様を繋ぎ止めるコストよりもはるかに高い。当然だ。極端な話、なじみのお客様なら、電話一本で取引が成立だ。しかし新規となると、商品説明、契約書の作成、検査・立ち会い・受領の手続き等、一つひとつ確認しなければならない。トラブルや支払い遅延等の問題も起こりやすい」

「そうすると、薬膳ラーメンの顧客を繋ぎとめるほうが、有利ということに……」

「どうしたら繋ぎとめられるか、思いつきでいいからあげてみてくれ」

「えーと。四つのP的には……。たとえば、価格を下げる。ラーメン自体の味を良くする。おまけを付ける。出前を迅速にする、かな」

「うん。そのとおりだ。まず、低価格についてだ。薬膳ラーメンは、やや高めのグルメラーメンという位置づけで販売してきた。したがって低価格戦術は、ブランド・イメージを傷つけるので得策ではない。それに、かつてのマクドナルドの半額キャンペーンのように、低価格が常態となると、消費者がそれを当然と思ってしまい、販売促進効果が薄れるし、将来、本来の価格に戻すことが困難になる。次に、ラーメン自体の品質向上だ。ぜひ頑張って欲しいがすぐには無理だろう」

大山は、品質向上の自信がなかったので、ホッとした。神山は、続けた。

「第三は、おまけだ。販売促進として即効性がある。コストがあまりかからないもので、何かできないか？　最後に、出前サービスの強化だ。薬膳ラーメンの売上は、席数が減った分だけ出前に依存することとなる。今までは、1個の出前は断って来たが、これからは200円割増で対応というのはどうだろうか」

「たしかに、一人で食べに来る高齢者は、割増料金を払ってでも出前を希望するかもしれない」

「持ち帰り方式の導入なんかはどうかな。海外の中華のファストフード店で見たことあるぞ。プラスチックのふたで、こぼれないようにできるんだ。大き目のカップラーメンの容器みたいな感じかな」

「おまけについては、日本茶を出す代わりに、日替わりの中国茶のティーバックなんかどうかな。『○○茶は、健康にいい』なんていうじゃないか。コストは、たいしてかからないよ」

「それは、薬膳のイメージにぴったりだ」

大山のラーメン店の新たな展開に、見通しが立ってきた。

11 チームMBA始動

四つの志向

守山は、例によって懐疑的だ。

「大部分の都民は、都政に対してあまり知識や関心を持っていない。関係団体や都民参加の会議みたいのを作ると、利害関係者は自分たちの利益誘導のための発言に終始する。こんなことだったら、中立的な官僚集団が、豊富な知識と経験を生かして行政を主導していったほうが、都民のためになるんじゃないでしょうか」

公式には言わないが、都庁に限らず、多くの公務員が心の中で思っていることだ。

外山は、フォローした。

「たしかに、そういう傾向はありますね。しかし、アメリカ独立宣言の起草に参画したトマス・ジェファソンは、『信頼は専制の原因だ』と警告しています。チェック機能が働かないと、権力者は、やりたいこと、やりやすいことは実施しますが、やりたくないこと、やりにくいことは回避します。権力を持つ者を信頼すると、いいようにされてしまうということです。山一證券、カネボウ、エンロンの破綻は、チェック機能が働いていれば間違いなく防げたのです。これらの企業は、株主や消費者の信頼をいいことに、自分たちの利益・保身を優先させていたのです」

佐山は、ファッションの例を紹介した。

「身近な例なんですけど、流行は、そもそも誰が決めるのか。もちろん、最終決定者は、財布を開けて購入する消費者です。身だしなみに敏感な人は、ファッション雑誌をチェックして、最新の流行、数ヵ月後の流行を意識して服を購入します。しかし、その何ヵ月も前に、企業やデザイナーが流行しそうな製品やデザインを、ファッションショーや展示会で発表するのです。つまり、供給者が提案・誘導し、消費者が選択するという形です。ファッション業界は競争が厳しいし、消費者は移り気です。消費者のニーズからずれた提案をすると、誘導できずに在庫の山が残ります。そこで各社とも、消費者の好みの予想とプロモーションによる誘導に躍起となっているのです。これを都庁になぞらえると、官僚が提案・誘導し、都民が言いなりにされているって感じですかね」

外山は、付け加えた。

「確かに、都庁は地域独占企業だ。都民の好みを、そんなに躍起になって探らなくても済むんだ。マーケティングの世界では、『生産志向』か『製品志向』に分類できるかな」

守山、佐山には、新しい言葉だった。

「『生産志向』とは、生産者の都合を重視する考え方だ。つまり、効率的に製品を生産して利益を増やすことが最優先で消費者の視点がない。次に『製品志向』だ。これは良い製品を作ることを主眼とするが、メーカーが考える良い製品という考えになりがちで、消費者からの視点が弱く、売れない商品を開発してしまうおそれがある。3番目が『販売志向』だ。コンセプトは、売り込むことの重視だ。これも企業側の都合が先行している。4番目が『マーケティング志向』で、出発点を顧客のニーズに置く。ＭＢＡではこの顧客志向のマーケティングを身に着けるんだ」

革新者と遅参者

先山が、案を提示した。

「どうでしょうか、ターゲットを絞ってからキャンペーンを始めませんか。一般的に『都庁は変わります、参加型東京都政です』なんて広報をしても、本気にしてもらえないでしょう。特定の層を意識してインセンティブを提示することにより、参加を促すのです。ＭＢＡのマーケティングでは、製品の普及過程のモデルを学びます。これが参考になると思います」

守山が質問した。

「都政は、都民全体を相手にするものです。特定の対象に絞った広報・公聴というのは、いかがなものでしょうか」

「守山さんの指摘にはもっともな部分があります。最終的目標は、都民全体を対象にすることです。しかし、一気に全都民というのは非現実的です。まず、とりこみやすい層を引き付け、それを拡大していくという戦略です」

先山は、新製品の購買層に関する時系列的な分類を説明した。

①革新者（新製品に敏感で、真っ先に買う。きわめて少数。製品は、一部のマニアックな層に知られるに留まる）
②早期購入者（革新者の次に購入する層。革新者よりも多数で、製品が次第に社会に認知される出す）
③前期の多数派（どちらかといえば革新的な多数層）
④後期の多数派（どちらかといえば保守的な多数層）
⑤遅参者（保守的意識が強い、少数）

「都庁のいう都民参加は、①の革新者の段階に留まってきたようね。つまり、説明会、公聴会、パブリック・コメントで積極的に発言するのは関心のあるごく一部の層に留まり、多くの人たちは、その存在すら知らない状態なんです。そこで②、次に③レベルの層の関心を引くようなキャンペーンが必要です。そこまで行けば④の層は自然について来ます。ただし、①②の段階では、先行投資の割にはまだ参加者が限定的であるという点を覚悟しておかなくてはなりません」

先山は、さらに消費者の心理を分析した理論を紹介した。

「マーケティングでよく紹介されるのが、ＡＩＤＭＡ（アイドマ）です。これは、Attention（注意）→Interest（関心）→Desire（欲求）→Memory（記憶）→Action（行動）の頭文字を取ったもので、アメリカのローランド・ホールが考案しました。広告等に接した消費者がどう反応するかを、段階を追って分析したものです。この理論は、プロモーションの企画等に活用できます。

ＡＩＤＭＡ（アイドマ）によれば、消費者がコマーシャル等に接した場合、その説得力に応じ、次のような反応を示します。

①まず、その商品の存在を認知します。Attention（注意）

②次に、面白そうだなと関心を持ちます。Interest（関心）

③さらに、欲しいなと思います。Desire（欲求）
④商品のことを、記憶に留めます。Memory（記憶）
⑤そして、購入します。Action（行動）

私たちのプロジェクトも、このステップを認識しつつ、進めていくことが効果的です」

佐山が、発言した。

「行政の広報・公聴活動は、多くの都民にとってはかろうじて、最初のAttentionの段階に達しているかどうかという状態みたいですね。なんとか、もっと高いステップに誘導しなければ……」

守山は、不安そうに言った。

「でも、議会という民意集約の機関があるんだから、それ以外に新しい仕組みを導入するとなると、面白くない人たちもいるんじゃないかな」

外山が、きっぱりと言った。

「変化には反対がつき物です。正しいと思ったら、毅然とした姿勢で取り組みましょう。私が責任を持ってみなさんを守ります。ちなみに、私たち公務員の身分保障の趣旨はご存知ですよね」

「はい、労働基本権が制限されているからです」

「そのほかに、何が理由はありますか」

「……」

「行政の公平、中立性の確保です。職員が外圧に屈することなく、安心して公務に取り組むことができるようにする、という趣旨です。住民にとっては、こちらの方が重要な機能なんだが見落とされやすい。地方公務員法の解説書でも、労働基本権制限の代償という点には多くのページを割いて解説していますが、行政の中立性については、さらっとしか書いていないことが多いですね。私たちの昇任試験の問題でも、その傾向はあります」

守山は、納得した。

「民間では、企業犯罪や不祥事を通報したために個人や下請企業が仕事を失うなんてことがあります。これは、公務員のような身分保障がないのも一因ですね。公務員になって良かったなぁ」

先山は、フォローした。

「エンロン事件以来、アメリカでは企業の公正かつ合法的な活動のために、政府による監視・規制が強化されました。一方、法令の規制とは別に、民間企業自身が、自主的にコンプライアンス（法令順守）の組織を新設し、憲章やガイドラインを定め、不正行為等に関する社員の通報があれば、適切に対処する仕組みが整備されつつあります。日本でも、公益通報制度等によって、公益と通報者の保護について、一定の配慮がなされるようになりました。『コンプライアンス』が流行語のように使われた時期がありましたね」

アリとキリギリス

外山は、話をまとめようと思った。

「いろいろと、議論がありましたが、都民によるチェック機能の確立を目的として、どんなアクションを起こすか、考えてみましょう」

先山は、提案した。

「とりあえず、オーソドックスなマーケティングの手法に従って検討し、その結果を調整、修正していくのがいいかと思いますが」

一同、同意した。

「では、手順ですが、皆さんも、ＭＢＡの基礎を学んでいるところなのでご存知だと思いますが、念のため確認させて下さい。まず、社会全体の動向、都庁を取り巻く動向を整理します。次に、ＳＷＯＴ分析を行い、都庁の置かれた立場と都庁の特性、どう対応すべきかを検討します。第三のステップとして、都民をセグメントに分け、その中でターゲットを絞ります。そして、都庁のとるべきポジショニングを決めます。具体的内容は、プロダクト・ミックスの４つのＰで検討します」
翌週、４人は、各自の予習をもとに、作業に取りかかった。

社会環境
①国際化（企業活動の多国籍化、外国製品や情報の増加、在日外国人の増加、国境を越えた交流の拡大）
②地球環境問題（温暖化、公害）
③社会不安（テロ、核拡散）
④少子高齢化（労働力の不足、福祉・年金制度等の負担増、社会活力の低下）
⑤格差の拡大（二極化、若年層のニート化）
⑥情報化（ＩＴによる社会の仕組みの変化）
⑦景気の緩やかな回復傾向

都庁に着目した環境
①強力な中央政府の存在（法令による規制、課税権の制約、補助金による統制）
②豊かな財源

③景気に左右される財源
④世界都市、首都として高い注目度
⑤地方自治体としての都庁には、低い関心

⑥行政改革、公務員制度改革、規制緩和、地方分権の動き
⑦行政・公務員批判

佐山が、素朴な指摘をした。

「都庁に着目した環境で、②と③、④と⑤は矛盾しているみたいですね」

守山は、入庁したころを思い出して言った。

「バブルのころは、予算は十分すぎるほどついても人がつかなかったから、事業の執行が大変でした。とにかく、予算の執行率を上げろという上からの指示があり、備品、消耗品なんかも必要以上に買い込みましたね。今考えると別世界の話です」

外山が、付け足した。

「都庁の財源は豊かだ。しかし、民間や他の自治体と同様、景気に左右される財源なんだ。問題は、財源が豊かなときに豪華なハコモノ（施設）を作り、手厚い給付や補助金等を創設した結果、不景気になったときには貯金が底を尽き、後年度負担に苦しむというパターンを繰り返してきたということだ。アリとキリギリスの例えでいえば、都庁は夏の間はキリギリスだったんだ。つまり、戦略がなかった」

佐山は、質問した。

「アリになろうっていう主張はなかったんですか」

「議論としてはもちろんあった。しかし、景気のいいときは、あれもこれもやろうという、威勢のいい意見に押し切られてしまうんだ。議会からは、わが区市町村にハコモノ（都立の文化施設等）を作れ、電車を通せ、道路を拡げろだのといった要求や、今こそ福祉の充実だといった主張がなされる。財政当局は『新施設建設や福祉の充実は後年度負担の問題がある。税収がいつまでも好調な訳はない。一定割合の貯金も必要だ』と、ブレーキをかけようとする。しかし、財政当局は正反対の危惧も持っている。もしも、東京が一定割合の貯金をしたとしたら、その金額は膨大なものになる。小さな県の年間予算に匹敵してしまう可能性もある。そうすると、いつもの東京富裕論を刺激し、他県からの要望を追い風に、国が東京都から財源を吸い上げるかもしれない。だから、景気のいい時は金をたくさん使って『東京都には、大都市としての行政需要がたくさんある。決して豊かではない』というスタンスを維持しなければならないのです」

「よくわかりました。では④と⑤についてはどうでしょうか。東京という地域は、なんと言っても日本の中心で、洗練されたポジティブなイメージがあります。東京マラソンは、宣伝に金をかけたせいもあるのでしょうが、大きな盛り上がりを見せました。一方、都庁というと、新宿の高層庁舎と知事のイメージしかないいんじゃないかな」

外山が、応じた。

「人々が行政に注目しないということは、かえって良い行政が実践されている証拠であるという論法もあります。生活に問題がないから、声をあげないということです。どぶ板が壊れた、なんていう小さなトラブルなら、問題が起きてから声をあげても間に合うでしょう。しかし、問題が顕在化してから騒いだのでは間に合わない、つまり巨額の損失を背負い込まなければならない事業もある。バブル経済のときに多くの自治体が着手したテーマパークやリゾート開発事業が、不況の到来とともに破綻し、巨額の後年度負担に苦しんでいるのが典型例です」

脅威は機会

次に、SWOT分析に入った。

守山が、首をひねった。

「公務員制度の見直しや規制緩和とかいうのは、脅威じゃないのかな」

先山は、即座に応じた。

「大変よい指摘です。同じ事実をみても、評価のしかたによって正反対の結論となることが

	好影響	悪影響
外部環境	機会（opportunity）	脅威（threat）
	●地方分権の推進への模索 ●地方公務員制度の見直し ●規制緩和、民間委託の拡大 ●一極集中のメリット ●景気の回復で豊かな財源	●強力な中央政府 ●東京に不利な税制改革の可能性 ●他の地方自治体からの反発 ●各種団体からの圧力 ●一極集中のコスト ●景気に左右される財源
内部環境	強み（strength）	弱み（weakness）
	●優秀な官僚群 ●国からの独立性 ●全国的な影響力、知名度 ●規模の利益	●チェック機能の欠如 ●官僚主義 ●職員の閉塞感、モラールの低下 ●都民から隔離された環境

あるのよ。こんな例はどうでしょうか。

——ある革靴のセールスマンが、熱帯の国に市場開拓に行きました。ところが、その国の人は、誰一人革靴をはいていませんでした。『この国じゃ、革靴は売れない』という判断、『しめた、有望な新規市場だ』という判断がありえるでしょう。

　ここで、ポイントは、どちらの判断が正しいかということではなく、全く正反対の認識がありえるということです。公務員制度改革と規制緩和は、労働者としての個人の公務員の立場からは、委託の拡大・仕事の減少・リストラ・労働強化という点で、脅威と感じるのは当然です。しかし、効率的な自治体経営の推進という点では、間違いなく追い風であり、機会といえます。また、やる気のある公務員、年功序列の犠牲になっていると感じている公務員にとっては、能力主義の導入は脅威ではなく機会です。したがって、私たちのＳＷＯＴの分析では、機会ととらえるのが妥当でしょう」

国鉄の轍（てつ）

先山は、続けた。

「では、社会環境、都庁に着目した環境を踏まえ、分析をもとに方向性を検討してみましょう。『①強みを生かして機会を利用する②強みで脅威を克服する③弱みを機会を活かして改善する④弱みと脅威が相まって最悪の事態を招かないように備える』の４つです。では、佐山さんいかがですか」

「①については、行政をめぐる変化の動きに、注目度の高い都庁が豊かな財源と人材を活かして先頭に立って取り組めば、まさに他の自治体の範となり、職員のモラール・アップにも繋がると思います。②については、東京は優秀な人材と国からの独立性を生かし、ディーゼル規制の強化、外形標準課税導入等で、国に物申す積極的役割を果たしてきました。③については、国レベル、法律レベルでの変化を契機に、都庁が変わるチャンスです。④は、担当事務によるかな。国の下請けみたいな職場もあるし、都単独事業もある。都の税源を減らされたり、都心部分を直轄地にされたりしてしまう、なんていう危惧もある。職員の意識を高め、防衛的視点を重視した戦略が必要だと思います」

外山は、言った。

「②については、トップの強力なリーダーシップが重要な役割を果たすことを付け加えます。③についても、東京都が受身ではなく、独自の方策を提案できればと考えます。④の危惧については、都民の都庁に対する支持の獲得が大切です。私が国の役人だったら、都心部の住民や企業に『都よりも国の直轄のほうがいいや』と思わせるように、税制上のインセンティブの創設と集中したインフラ整備を行いますね。都庁は、住民に、国から独立した自治体の構成メンバーであることのメリットを示さなければならないんです」

守山が、控え目に発言した。

「でも、あまり改革だ変化だっていわれても戸惑いますね。みんなどう反応するかな。反発するか、『大して変わらないよ』『なんとかなるさ』って言いながら傍観者となるんじゃないかな」

外山が、アドバイスした。

「何もやらないのが当面は楽だ。波風もたたない。しかし、矛盾や問題が大きくなっていくと、ある時点でドラスティックな変化、時には組織の崩壊や革命によって、矛盾や問題の解消が図られるというのが歴史の教訓です。たとえば旧国鉄は、かつては国内の輸送を支える大動脈でした。国鉄の労働組合は、労働者階級の代表として、賃金引き上げ、待遇改善の牽引役としての役割を期待されていました。しかし、経営は惨憺たるもので、累積赤字が年々膨れあがっていきました。また国鉄職員は、お客様によいサービスを提供する、という基本をないがしろにするようになってしまいました。貨物輸送の主力は次第に自動車に移っていきました。そして、国民の支持を失った国鉄は、ついに分割・民営化されたのです。この国鉄の轍を踏まないように、都庁も職員一人ひとりの意識改革が不可欠なのです」

先山は、最後に意見を言った。

「国政レベルでの改革だけど、どこまで実施されるのか未知数です。国の動きを弾みとして都庁も変わるという考え方は否定しないけど、国が適当なところで妥協しちゃったら、おしまいよね。①③については、国の動きを意識しつつも、都が主体的にリードしていく、ということを基本にすべきだと思います」

ターゲッティングとポジショニング

先山は、次のステップにはいった。

「次に、ターゲティングです。誰か、案を出してくれますか」

守山が、提案した。

「この前、先山さんが提案した製品の普及過程のモデルって、良かったと思います。それですすめるということでどうですか」

外山も佐山もうなずいた。

先山は、ほかの3人がどういう提案をするか期待していたが、止むを得ない。――まあ、自分の案が採用されたのだからいいか。

「では、おさらいしますが、①革新者②早期購入者③前期多数派④後期多数派⑤遅参者のセグメントがあります。わたしたちは地方自治体ですので、最終的目標は都民全体です。しかし、当面のターゲットは②早期購入者と③前期多数派として、とりこみやすい層を味方につけ、それを拡大していくという戦略をとることが妥当だと思います」

佐山が、話を深めた。

「早期購入者、前期多数派って、どんな人たちなんでしょうか。私のイメージだと、こんな感じですが」

①早期購入者（様々な問題に興味を持ち、意見を表明する機会を素早く発見し、参加し、発言する）
②早期参入者（関心のある問題があれば、積極的に参加する。住民説明会や、パブリック・コメント等で発言する）
③前期多数派（関心のある問題があると、参加することもある。公式の会議では、発言はあまりしないが、自分の属するコミュニティでは、積極的に発言する）
④後期多数派（関心のある問題があると、興味を持って考えるが、直接の利害関係がない限り参加しない）
⑤遅参者（最後まで、なかなか参加しようとしない）

先山は、答えた。

「正解がある訳じゃないけど、そんなイメージでいいかと思います。次のポジショニングですが、既に議論してきたように、都庁の影響力、知名度を生かして、都民の関心をひきつけていくことを基本とするということで、いかがでしょうか」

一同、異存はなかった。

四つのPの適用

4人は、4つのPの検討にはいった。

外山が、切り出した。

「都民が、都政に関心を持ってチェック機能を果たせるようになるためにはどうするか。ターゲットは、早期購入者、前期多数派です。まず製品（product）ですが、今までの議論を踏まえると、ひとつは、利用者にとって便利で面白い、参加してみたいと思わせる工夫をしたインターネットによる意見交換、討論となりそうですね。インターネットならば、価格（price）や場所・チャネル（place）の問題はほとんどありません。既存の投稿サイトやメーリングリストにはない魅力として、著名な学者や評論家、ニュースキャスター等をオーガナイザーとして招き、課題を決めて議論に参加してもらうことを提案します。自由投稿の掲示板だと、言いっ放しになり、発展的議論につながらない。そこで、議論を整理してコメントし、争点を明らかにするオーガナイザーが必要となります。著名人を招けば、参加してみようかな、コメントしてくれるかなという期待が高まるでしょう。また、著名人も一日一回は意見表明やコメントを送信しているということになれば、より多くの参加者が集まるのみではなく、見るだけの人も増えることが期待できます。言いっぱなしとならないように、また、意見を聞き置くだけにとどめないようにするために、課題に関係する都庁の部署を指定して、質問には原則として3営業日以内に回答することをルール化するとともに、行政側の意見も積極的に述べるよう指導します」

心配症の守山が、聞いた。

「参加者の匿名性の問題には、どう対処するのですか」

「登録制で、2種類とします。匿名者は、年齢層、性別、居住地の自治体名、職業、勤務地の自治体名、メール・アドレスのみを登録します。もちろん、これらの登録情報の信憑性は不明ですので、ある争点への賛否の集計をする時には、参考データとしてのみ扱うものとします。氏名登録者は、本名、サイト表示用ニックネーム、住所も登録します。データの信憑性を高めるために、郵便で本人確認をします。氏名登録者のみを、賛否を問う投票の集計対象とします。氏名登録者は、プロモーション（promotion）として、プレゼントの抽選対象者となります。税金を使う訳ですから、高額の賞品よりもノベルティ（斬新さ）や独自性で勝負すると良いと思います。例えば、1等は沖ノ鳥島・硫黄島視察、2等は、都庁へリポートから視察飛行、3等は、築地市場の深夜・早朝ガイド・ツアー、4等は、都立美術館・公園等の1年間無料パスなんていうのはどうかな。5等は有料ごみのシール1000円分とすれば、都民の投稿を担保できます」

「賛否両論に配慮した発展的議論をすすめるために、オーガナイザーが必要なことはわかります。しかし、オーガナイザーが議論や情報を恣意的にコントロールする危険もあるのではないですか」

「確かにその危惧はあります。まず、事前にルールを示し、サイトへの攻撃を主目的とする者や個人攻撃をする者を排除します。オーガナイザーは、意見、議論を整理する過程で、建設的な議論に資する意見を取り上げて紹介、コメントするとともに、誹謗中傷を内容とするものは削除します。それ以外のものは、原則として全て掲載することとします。オーガナイザーには、中立的な人を選び、鋭く対立する争点がある場合は、複数に依頼することにします」

先山が、続いた。

「4人の発想が集約された名案だと思います。私はもうひとつの、課題を設定した集中審議会について提案します。人数は、中立的なオーガナイザーの他に2〜4名とし、議論が深まるようにします。毎週1回3〜4時間で2〜8回程度実施することとし、参加者は、課題ごとに指名と公募を併用して集めます。公募の場合は、小論文等を作成してもらい、中立的なオーガナイザーが、賛否や経歴等をもとに選考します。議論の概要、議事録は、インターネット等の媒体で公表します。都民の関心を高める工夫は、今、外山さんが提案した仕組みがそのまま適用できると思います」

先山は、自分の意見を言い終わったところで、「不安なことがあるんでしょ、どうぞ」と守山にふった。先山は、仕事の合間に、守山にちょっかいを出してからかうのが楽しみだった。しかし、何を言われても落ち着いて誠実に対応する姿勢に、何か好意のようなものも抱くようになっていた。――そうか、外山が守山を採用したのは、管理職には少ない実直な性格だったのか。このMBAチームは、知事の威光と意向に大きく依存している。今後、どんな展開になるかわからない。危機が訪れたときにも、誠実にチームを支えてくれるメンバーが必要なのだ。

「そうですね。制度開始時の広報活動、中立的なコーディネーターの確保が課題だと思います。マーケティングの世界では、新製品の導入段階では、社会に認知してもらうために、宣伝に相当の費用を投入する必要があります。この場合、短期的にはその事業の収支は赤字になることが多いでしょうが、初期投資ですので、やむを得ません。人々が、興味を持って参加しようと思うテーマを選択することも大切です。たとえば、空き交番（警察官が不在のことが多い交番）対策について、どうしたらよいかの意見を募集なんていうのはどうでしょうか。コーディネーターについては、ある程度試行錯誤でいかざるを得ないと思います。とにかく、良くも悪くも、都民の話題になることが不可欠です」

いつもの守山らしくない積極的意見である。――また、からかってやれ。

「あら、守山さん、今日は熱があるんじゃないの。言ってることがいつもと違うわよ」

守山は、笑っているだけだった。佐山が、意見を付け足した。

「コーディネーターには、名前の売れているコメディアンなんかいいと思いますよ。お笑い芸人ほど、お客様の気持ちを考えてステージに立つ人たちはいないですよ。お客様の心をつかめないと、笑ってもらえないんですから。もちろん、依頼するとなったら事前に基礎知識をレクチャーして、ポイントがずれた議論とならないようにすることは大切でしょう。それから、宣伝等には、シンボル・マークとか、イメージ・キャラクターの動物を定めて印象付けると効果があると思いますよ」

一同が納得した様子なのを確認して、外山はまとめに入った。

「では、概ねの方向性は出たようですね。では、第2回の知事への報告に向けて、準備しましょう」

12 ラーメンから少子高齢化

絶好調

大山の店には、前にも増して多くの来客があった。キッズ・ルームは、親子でいつも賑やかだった。薬膳ラーメンについては、カウンター席を6つ確保したが、昼食、夕食時には、店の外で並んでいる客がいた。ささやかだが、行列のできるラーメン屋が実現したのだ。出前は、主として高齢者から、ラーメン一つだけという注文が増えた。ピザや寿司、弁当の出前は、1500円以上、二つ以上等の制約のあることが多い。ここに、誰も手をつけようとしないニッチ・マーケットがあった。割増料金を払ってもいいから、自宅で食事をしたいという需要があるのだ。一つだけの配達は効率が悪い。しかし、一つだけの注文者は、時間に余裕があることが多い。そこで、1時間以内の配達という同意を得て、同一方向の配達をまとめることにした。その結果、配達の効率化が可能となった。大山は、お客様から感謝されたという報告をしばしば受けた。

キッズ・ルームでは、客同士のコミュニケーションや助け合いが日常的に行われている。

かつての、長屋の井戸端会議や相互扶助は、こんな感じだったのかもしれない。客層には、専業主婦以外に、パートタイム、フルタイムの女性も加わるようになった。客の要望を受けて、開店を2時間早め、午前9時から午後8時まで通しで営業した。朝ごはんからラーメンというのは、大山の想定外だった。今度は、閉店を午後9時すぎまで延長して欲しいとの意見が出てきた。さらに、休業日をなくして欲しいという要望も出た。これには、従業員を増やして対応することとした。何人かの従業員は、ほとんどフルタイムで働くようになった。大山自身は、エンパワーメントにより、忙しくならなかった。

大山は、疑問に思った。なぜ、これだけ多様な時間帯に、ラーメン屋に来る親子連れがいるんだ？　さりげなく会話を立ち聞きすると、勤務時間の多様化に起因することがわかった。土日勤務の場合、平日に、ブランチと情報・話し相手を求めて来店する。また、夜間の勤務シフトで働いている客もいる。――そういえば、市場のそばに、24時間営業の保育園があったな。夜から早朝にかけて市場で働く人の需要に応えたものだ。子供のお迎えのピークは、午前中とのことだ。

際限ないニーズ

大山の店のサービスと繁盛ぶりは周囲でも評判になり、タウン誌やケーブルテレビはもとより、新聞や地方テレビでも紹介されるようになった。内容は、ラーメンの味ではなく、「子育て支援」がメーンで、キッズ・ルームが保育園であるかのように報道されていた。そのついで的な位置づけで、「高齢者にもやさしい一杯からの配達」も紹介された。大山は、お客様のニーズに応えて地域に貢献しているという実感を持った。もはや、グルメラーメンへのこだわりはなくなっていた。

しかし、ニーズは際限なかった。地域の高齢者団体の会長からの要望だ。

「大山さんの店は面白いことやってるね。ついでに、朝6時30分から、薬膳粥定食なんていうのもやってみてくれないか」

「なんですか、それ」

「年をとると朝が早い。ラジオ体操に参加する人も多い。6時30分に小学校の校庭に行ってごらんよ。年寄りだらけだよ」

「はぁ」

「しかし、年寄りだけの朝飯はわびしいもんだ。塩分はいけないっていうんで、味噌汁や新香は控える。朝からパンっていうのも、気が進まない。そこでだ。モーニング・セットのお粥みたいのをやってみないか」

「需要は、どれくらいあるかなぁ」

「サラリーマンも相手にしなよ。洋食のモーニング・セットよりヘルシーなら、客は来るよ」

大山は、これ以上仕事を増やしたくなかった。役所時代に、やる気がないときに使ったフレーズを、久しぶりに口にした。

「貴重なご意見を、ありがとうございました。ぜひ検討させていただきます」

神山が店に来たときに、大山は薬膳粥の話をしてみた。神山は、大山がやる気がないのを感じ取って、「そうか」とだけ言った。神山のコメントを期待していた大山は、拍子抜けした。

「おい。コンサルタントの先生。なにかお言葉があってもいいんじゃないか?」

「今、この店はキッズ・ルームと薬膳ラーメンでうまくいっている。というか、手一杯のようだ。それに、経営者のおまえは薬膳粥には興味なさそうだ。それなら別に動くことないいんじゃないか」

「まあ、そうだろうけど……」

「経営の多角化というのは、うまくいけば事業の拡大・転換、リスクのヘッジという視点からは魅力的だ。しかし、失敗することも多い。とにかく、新規事業に進出するんだ。リスクはつき物だ」

「おまえがそういうとは、思っていなかったよ」

「気持ちはわかるよ。『有能な経営者はリスクをおそれず、果敢に攻めの事業展開をする』というイメージを持たれることが多い。コンサルタント・評論家・成功者は、そういった風潮を煽る。正直言って、俺もそういう衝動をいまだに捨てきれないでいる。しかし、ドラッカーは逆に、成功者の共通点は、リスクを冒さないこと、リスクを最小限にすることだと指摘をしているんだ」

「そうか。ではきちんと準備をして、儲かるという見込みがたってからやれ、ということか」

「そういうことだ。おまえ自身で行動を起こしてみたらどうか」

大山は、神山の言い回しに感心した。最初はやる気のなかった大山を、行動させる気にさせたのだ。

「でもおまえ、そんなに頭が切れるなら、なんでコンサルタントなんかやっているんだ？」

「おい、『コンサルタントなんか』っていうのは、失礼だろう。まぁいいよ。コンサルタントと称する者の中には、怪しげなのもいるからな。では聞くが、絵の評論家は、いい絵を描けると思うか。演劇の評論家は、舞台で立派な演技ができるだろうか」

「……」

「2点指摘する。人間の中には、実践することが優れている者と、評価する能力が優れている者がいる。だから、画家として優れていても、絵の評価・評論が得意とは限らない。その逆も同様だ。第二に、またドラッカーの引用で恐縮だが、傍観者は、別の視点からものごとを見ることができるんだ。そこに、評論家、コンサルタントの存在意義がある」

「つまり、おまえは経営者としての能力はないが、コンサルタントとして部外者の視点からいいアドバイスをする能力があるっていうことか」

「まあ、そんなところだ」

大山は、また都庁時代を思い出した。

「そういえば、役所には評論家というか、新しい仕事を頼まれそうになると、なんだかんだ理由をつけて自分ではやらないくせに、他人の仕事にはついては、頼まれもしないのにくちばしを突っ込みたがる職員が多いんだ」

「そういう人たちが、評論することを職務分担としているならいいと思うよ。でも、実施部隊の一人として配置されているなら、作業をやった分以上の給料をもらう資格はないな。とにかく、大山店長様も評論家になっていないで、薬膳粥の導入の是非についてアクションを起こし、2週間後までに、結論を考えておいて下さい」

――やれやれ、また宿題かよ。まてよ……。神山はこのアイデアがいいと思っているんじゃないかな。だから、最初は気のないふりをしてたのに、導入の是非を考えろって指示したんだ。たしかに、営業時間を延長するだけだ。新たな設備投資はほとんどいらない。

朝粥の需要

大山は、考えた。――まず出発点はお客様だ。利益が出るだけの需要があるかどうかだ。とにかく、朝の人の動きと、できたら朝食の様子を聞き出してみよう。高齢者会長の話は一理あるが、実際どの程度の人が金を払って朝粥を食べに来るかな?

大山は、まだ暗い朝5時から9時まで、店の窓から通行人のカウントを始めた。年齢、性別、職業を推定してデータを作っていく。刑事にでもなった気分だ。5時30分頃から、犬の散歩やジョッギングの人がちらほら通る。ラジオ体操の終わる6時40分過ぎに20名程の高齢者が、集団でまたは一人で通った。サラリーマン、学生は6時~7時30分がピークだ。全部で約200人だ。7時頃からは地元高校の朝練習の生徒が、逆方向に向かって歩いていく。30人位だ。8時からはその他の生徒約500名が一斉に登校する。8時30分からは静寂が戻る。大山は、自分が知らなかった朝の表情に接して少し感動した。

翌日は、アンケートの配布だ。店頭で回収時にティッシュ一箱と交換することとした。朝、店の前を通る人にあいさつをしながら配った。サラリーマンは、受け取らない人のほうが多かった。高校生は、来店の可能性を考慮し今回の対象外とした。

結果は、以下のとおりだった。

Q１　朝粥のモーニング・サービスがあったら、来店意向はあるか。どれくらいの頻度で来店するか。

通勤者のうち意向ありとの回答は、約５％だった。ただし、女性は20％が意向ありと答え、週１回位がほとんどだった。

Q２　例えばどんな内容がよいか

粥とフルーツ60％　粥単品30％　粥とサラダ10％

Q３　値段は、いくら位が適当か。

４００円50％　３００円40％　５００円10％

Q４　自由意見

注文してから１分以内に出すこと。

健康食品として食べたい。無農薬、無添加の食材を使って欲しい。

胃が弱いので、粥があれば助かる、など

次に、粥の開発だ。インターネットは便利だ。多数の粥の専門店のメニューやコメントが掲載されている。ずばり、『薬膳粥の作り方』でもヒットしたのには驚いた。レトルト商品もあるが値段が高いし、いくらなんでもレトルトを店で出すのはプライドが許さない。料理の本で勉強し、業務用の食材等も使えば、ある程度のものは出来そうだ。

最後に、人の手配だ。朝6時には店に入ってもらわなければならない。そんなパートタイマーがいるだろうか。まだ募集はかけられない。判断は神山に任せよう。

2つのセグメント

2週間後、大山は神山に一連の経過を報告した。神山は、アンケート用紙の束をめくりながら大山に言った。いつものフレーズだ。

「おまえは、どうしたいんだ?」

――大山は、朝の風景を思い浮かべた。通勤・通学者は、朝飯抜きが多いという。でも、たまには朝粥を食べたいなんて思っている人もいるんだ。喜んでもらえて、少しでも利益が出るなら、やってみるべきだ。大山は、答えた。

「朝粥による、社会貢献だ」

神山は、大山の気持ちを読み取った。

「では早速だが、今回のアンケート集計には二つの特徴的なセグメントがあるようだ。一つが、駅の立ち食いそば的に早いサービスを最優先するセグメント、もう一つが、朝食に健康的なお粥を食べてみたいというセグメントだ。後者は、材料、店の雰囲気には一定の配慮が必要だ。また後者は、高齢者と、女性の通勤者が中心だ」

「じゃあ、両方をターゲットにするなら、粥は2種類か」

「来客数を考えると、当初は1種類に留め、トッピング、サイド・メニューの組み合わせで対応したほうがいいかも知れない。とにかく、高齢者や通勤者を主な対象にした朝粥ってあまり聞いたことない。需要が読みにくいな。ただ、空港のレストラン街では、朝粥定食をよく見かけるから、一定の需要があることは確かだ。味・価格・メニューの内容は、今回のアンケート結果と試作品で決めるとして、あとは試行錯誤で取り組むことだ。とりあえず、現在の営業時間帯で『期間限定メニュー』にして、お客様の意見を聞いてみたらどうだ。おまえの粥づくりの練習にもなるじゃないか」

「人の確保についてはどうする？」

「見つからないことを想定して、案はある。早起きの高齢者を雇うんだ。俺のイメージは、ホテルの朝食バイキングだ。待っているより自分でやったほうが早いから、むしろ忙しいサラリーマンにはありがたい。前日の夜に全て準備しておく。店員は、朝お粥を温めるスイッチを入れるだけにしておくんだ」

手間を省く

神山のいうとおり、高齢者に頼むとすると、重いものは持たせない、早い動作を求めない等の配慮が必要である。大山自身は、その時間は店にいるつもりはないから、トラブルが生じないようにベーシックなサービスに留めることにする。そこで、お粥はプレーンとし、お客様にトッピングの、梅干、薬味、ハーブ等をのせてもらうこととした。サラダは、手間がかかるし希望者も少ないのでやめた。その代わり、健康を意識してパックの納豆、ゴマ豆腐、フルーツを日替わりで提供することとした。お茶もセルフサービスとし、当面、日本茶、ウーロン茶の2種類を用意する。

お客様の席をどうするか。カウンター席が6席しかない。高齢者はキッズ・ルームでゆっくり座って食べるかもしれないが、忙しいサラリーマンが靴を脱いでキッズ・ルームに入るとは思えない。神山に相談してみよう。何か算段があるに違いない。

神山は、こともなげに答えた。

「お客様が、自らすすんでキッズ・ルームを選択する工夫をすればいいんだ」

「どうやって?」

「まず、忙しいといっても、粥を食べに来るお客様だから、若干の時間の余裕はあるはずだ。靴を脱ぐのがいやな主な理由は、時間が惜しいからではなく、面倒くさいからじゃないか。それなら、面倒くささよりも大きな魅力を提供すればいいじゃないか」

「思いつかないな」

「おまえは公務員だったから、ぼんやりと通勤していたかもしれない。しかし、業界によっては、最新の社会・経済情勢や事件をきっちりと押さえておく必要のある人たちもいるんだ。天気予報も、仕事によっては重要だ。営業マンなら、トップニュース、スポーツ面と三面記事は必ずチェックして、顧客との会話に対応できるようにしておく」

「じゃあ、テレビをつけておくか」

「それも解決方法の一つだ。しかし、サラリーマンのお客様の滞在時間は、数分~20分程度だろう。その間にニュースや詳しい天気予報をやっているとは限らない。そこでだ。新聞の1面、スポーツ面、社会面と、スポーツ新聞の1面をキッズ・ルームの壁に張り出すんだ。ついでに、日経株価、ドル相場、地元と東京の天気予報、季節のニュース（桜の開花予想日等）、地域のイベントのポスター等も掲示する。日本人大リーガーの成績とか、大相撲の星取表もいいかもしれない。これらの情報は、キッズ・ルームに入らないと見られないようにするんだ」

「でも、新聞くらいみんなとってるよ」

「この店に立ち寄るつもりのサラリーマンは、自宅で新聞を読んで来ないだろう。テレビを見ながら朝飯っていうのが普通じゃないか？」

「自宅から新聞を持って来ればいいじゃないか」

「家族から文句言われるよ」

「駅で買えばいいじゃないか」

「おまえ、だめな理由を探すことについては天才だな。通勤時間帯によっては、車内で新聞を広げることもできない。会社についたらすぐ仕事で、新聞を読む雰囲気ではないという職場も多い。また、駅で新聞を買ってた人はキッズ・ルームでチェックすれば、小遣いを浮かせることができるじゃないか。それから、提案なんだが……」

「おい、まだあるのか」

「朝食に健康的なお粥を食べてみたいという女性の通勤者だ。既に指摘したように、材料、店の雰囲気には一定の配慮が必要だ。そこでだ、キッズ・ルームのうち、やすらぎルームとして使っている部屋を女性ルームにしたらどうだろうか。くつろげるような音楽を流し、隣の人との間に簡単な仕切り板を置いて、プライバシーが保たれるようにするんだ」

「そんな需要あるかな？」

「健康志向、ライフスタイルの多様化、サービス業の営業時間の延長の影響で、深夜、早朝にフィットネス・クラブに通ったり習い事をしたりする需要が増えているんだ。朝飯をあわただしくかき込むのではなく、ゆっくり食べたいというニーズを取り込めると思うんだ」

モチベーション

大山は、薬膳粥の開始に向けて動き出した。

失敗を重ねたのは、ごはんの固さだ。翌朝、スイッチを入れるだけでお客様が口にするときに適度の食感となるように調整しなければならない。とにかく、お粥なんて作ったことがない。慣れない様子の大山を見かねた従業員の女性が、代行を申し出てくれた。大山は、2週間以内に完成ということで、一切を任せることにした。女性は、満足できる粥作りに生き生きと取り組んでいる。なんとかなりそうだ。

店内にテーブルを置き、粥、トッピング、サイド・メニュー、お茶を配置して、セルフサービスとした。粥は厨房の大きい釜から容器に移し、台車でテーブルまで運べるようにした。

営業時間は、6時30分から8時30分として、高齢者2名を、朝6時~9時に配置する。高齢者会長の肝煎りで、4名がすぐに集まった。出勤日は4名の間で決めてもらうことにした。みんな、まだ若い。60代前半だ。動機を聞くと、年金がもらえるまで小遣い稼ぎがしたい、家にいてもやることがない、早起きは慣れているからなんでもない、とのことだった。

キッズ・ルーム内の掲示が気がかりだった。新聞の掲示はなんとかやってもらえるだろうが、経済情報をピックアップして書き出すなんて能力があるだろうか。大山は、当面書き出すべき項目をワープロに打って4人に渡した。すると一人が言った。

「東京の昨日の株価だけじゃ、役に立たないですね。海外市場の動向、前日との比較を示さないと、動きがわかりません」

他の一人は、天気予報について提案した。

「今日の天気も大切だけど、週末の天気って気になりませんか。私が現役だったころは、ゴルフや行楽の予定、庭仕事とか心配でしたが」

大山は、しめた、エンパワーメントだと思った。

「すみません。私の知恵がまわりませんで。もしもよろしかったら、皆さんで項目の追加や修正をお願いできたらと思います」

4人は満足そうに「はい」と返事をした。一気にモチベーションがあがった。

15時間営業

今や、大山の店は休日なし、朝6時30分から夜9時30分の15時間営業となった。店の管理業務は、パートタイムからフルタイムに切り替わった3人の従業員がフレックス・タイムで対応しているので、かえって時間に余裕が出来た。朝粥は好調だ。新聞には、「高齢者雇用朝に需要あり」の見出しで報道された。

神山は、いつもの冷めた表情で言った。

「朝粥の成功は『何か面白そうなことをやっている』『地域社会に貢献している』ということの店の企業イメージが定着していたおかげともいえる。お客様がサービスに興味をもち、価格に応じた価値があると判断し、注文するという行動を起こしたんだ。もしも、全く新規の店が同じ朝粥サービスを開始しても、成功したかどうかわからないよ」

神山は、続けた。

「おまえはラーメン作りは二流だが、人のモチベーションを引き出すことについては、一流の能力を持っているようだ。これは、経営者には大切な能力だ。ラーメン職人から経営者への転換が、おまえの成功の理由だ。アメリカの鉄鋼王カーネギーの墓碑には、『自分よりも優れた能力を持つ人間を使える術を持つ者、ここに眠る』という趣旨の言葉が刻まれている」

「おい、俺は、まだ死んでないよ。ほめているのか、からかっているのかわからないな。しかし、最近、思うんだ。子育て支援、高齢者雇用なんて報道されたけど、この小さい店1軒じゃ、焼け石に水だよな」

「2号店を考えているのか」

「それもいいかも知れない。しかし、この年で借金する気はないよ。それより、この店のノウハウを他の人にも提供できないかな、と思っているんだ」

「それは、商売になるかも知れないな。おまえは、今やちょっとした有名人だからな」

「いや、ただでもいいんだ」

「ただっていうのは、双方にとってかえってマイナスの結果になるかも知れない。サービス提供者側も受ける側も、真剣に取り組まなくなるからだ。おまえ、今まで何度か俺に『金を払っているんだからきちんと教えろ』って迫ったよな。金を払ったお客様はその成果を導き出そうと真剣になるんだ。もしも俺が、元クラスメイトとして無料でサービスしてたら、おまえが俺に不満を持っても黙っていただろう。俺のアドバイスに納得できなければ、『無料なんだから』と無視したかもしれない。それでは経営改善ができない。双方にとって、不幸だ」

「そうか。でも金をとるとすると、お客様を見つけられるかな」

「先生と呼ばれる職業も、お客様の確保がカギだ。特に、コンサルタントや研修の講師なんていうのは、誰でもなれるけど、世間様がお金を払ってくれるまでになるのは、容易ではない。まぁ、芸能人みたいなもんだ。評判・人気が決定的要素だ。企業イメージと言い換えてもいいだろう。あの先生なら役に立つ、頼りになると思ってもらえない限り、実力があっても仕事は来ない」

町長の訪問

ある日、役場の総務課から電話がかかってきた。町長が、大山の店を見せて欲しい、話を聴きたい、とのことである。大山としては、プロモーションにもなるし町の広報に取り上げてくれるかもしれないので歓迎だ。神山にも立ち会ってもらうことにした。

町長は、60代前半。町議会、県議会議員出身で、改革には積極的だ。話にも説得力がある。店内を一回りして説明を受けた町長は、切り出した。

「いやぁ、素晴らしいシステムですね。まさに少子高齢化対策モデル店ですよ」

「おそれいります。もとは、ただのラーメン屋だったんですが」

「今、どこの自治体も、注目は少子高齢化対策です。しかし、出生率は減る一方、高齢者に対する支出は増える一方だ。わが町でも、一般会計が１００億円なのに、老人保健医療と介護保険会計の合計が40億円近く、それに国民健康保険も足せば、80億ですよ」

「まるで、保険会社みたいですね」

「そのとおりです。ある高齢者が寝たきりになり、入院、老人ホーム入所、または介護保険を目いっぱい使って在宅で支えるということになったとしましょう。いずれの場合も、月30万円前後の税金や保険料が支出されるんです。年間なら一人に300万円以上、100人なら3億を超えるんですよ。これは、役場としては辛い。町民もたまったもんではない。しかし、少子高齢化対策に特効薬はない。当面は、こつこつと小さな施策を積み上げていくことが大切なんです。こちらでは4名の高齢者を雇っているとのことですが、その波及効果は給料や生きがいだけではない。高齢者に活動する機会を提供することにより、医療、福祉の負担軽減に大きな貢献をしているのです」

大山は、金額の大きさに驚いた。町長は、続けた。

「そこで、今日はお知恵を拝借できないかとおじゃました訳です」

「私のような者でお役に立つことがあれば、なんでも……」

「役所がやることには、財源的に限りがある。しかも、効率的でないことが多い。この店のように、たとえ小規模でも、民間の力で子育て支援・高齢者支援をする仕組みを、この町に拡げていきたいのです」

「……しかし、私に何ができるのでしょうか?」

「まだ、案を固めたわけではありませんが、経営者セミナーでお話を頂くとか、現場での助言、コンサルタントみたいなものをやっていただくとかではどうでしょうか」

「実はこの店のコンセプトは、ここにいる神山先生の御指導の成果なんです。神山先生はMBAを取得され、経営コンサルタントとして活躍されています」

町長は、神山の名刺を改めて見直し、探りを入れた。

「さすがMBAですな。豊富な御経験があるようで……」

「おそれいります。主に中小企業のコンサルタントを行って参りました。この店については、大山さんの『社会貢献』というコンセプトを、利益の出る商売につなげたことで世間様の注目を集めることができました」

町長は、考えた。——知恵は大山ではなく神山から出ていたのか。では、神山に依頼するのがよさそうだが、町民じゃないし、信頼できる人物かな。とりあえず職員研修で使って、うまくいきそうだったら声をかけよう。

「神山先生、役場にも経営感覚が必要だとよく指摘されます。我が役場の職員の資質向上のために、一度、講師としてご足労頂けませんか」

「日程の都合がつけば、ぜひお手伝いさせていただきます」

「ありがとうございます。私もかねがね『町民のために』と繰り返し職員に諭しているんですが、なかなか意識改革は難しいですな。何かひとことアドバイスをいただけませんか」

「そうですね」と、神山は少し間を置いた。こういった場合、流暢に自説を述べると反発を受けることがある。相手は町長、自分は一介のコンサルタントだ。プライドを十分尊重して、控えめに第三者的立場から話すことが効果的だ。つまり、「教えてやろう」「こうしたほうがいいですよ」と言わずに「このように言われています」と表現するのだ。

「『顧客のニーズを満たす』ことは、企業活動の基本です。役所においても『町民のために』という町長のお言葉は本当に大切なことだと存じます。しかし民間企業でさえ、実際はお客様の存在が二の次になっていることが少なくないのです。出世や保身、社内抗争、社長の御機嫌とりにエネルギーが注がれる一方で、会社に幻滅した社員が個人の生活に生きがいを見出そうとしているという企業も珍しくないようです。このような会社の職員の意識改革を依頼されたときは、『お客様のため』とはひとことも申しません。社員の感情に訴えても、本気にされないからです。感情ではなく、事実を見ることからのアプローチが有効とされています。そこでまず、社員一人ひとりに自分たちのお客様のニーズを考えてもらいます。そこが出発点です」

町長は、大きくうなずいた。

「お客様のニーズが出発点か」

パート5　総集編

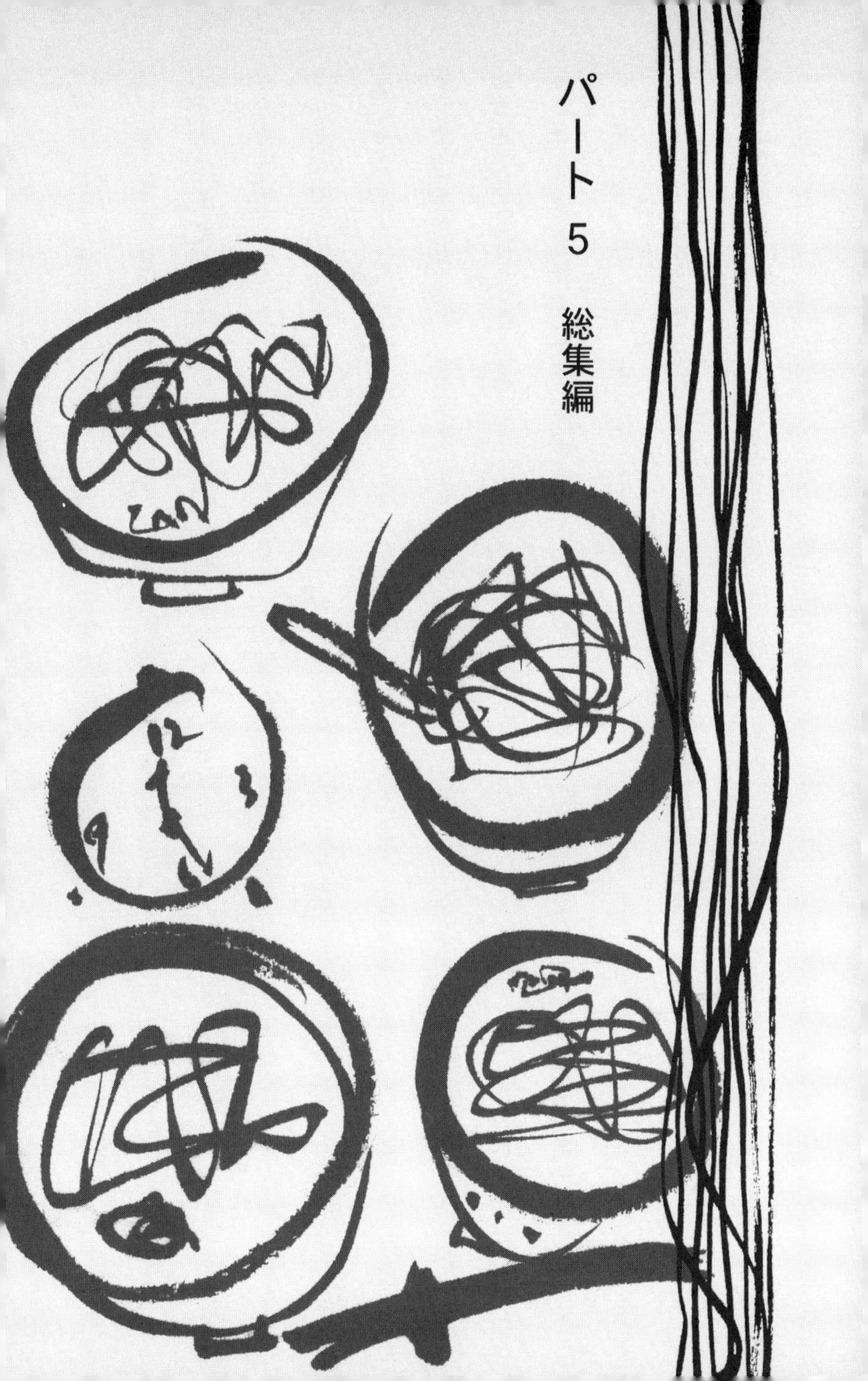

13　行政とＭＢＡ（6人の座談会）

＊この章では、物語に登場した6人（**大山、神山、外山、先山、守山、佐山**）が、これまでの取り組みを振り返って語り合います。

共通点と相違点

外山　みなさん、お集まりいただきありがとうございます。今日は各自の経験を踏まえ、それぞれの立場から、ＭＢＡの発想を行政に活用することの是非、効果について、自由な意見交換をお願いします。早速ですが、私たちの出世頭、大山さんが口火を切ってくれますか。

大山　出世頭とは恐れ入るなぁ。小さな店を切り盛りしているだけですよ。経営者っていうと聞こえはいいけど、孤独で辛いもんです。自分で判断し全責任を負うんです。事業がうまくいっていれば「やりがい」なんて言葉で表現もできますが、傾いてくると惨めなもんです。そういうときは、リストラの不安もなく定額の給料がもらえる公務員は、本当にいいなって思いましたよ。

外山　ＭＢＡは役に立ちましたか。

大山　神山さんのアドバイスは、いろいろな面で大変に役立ちました。公務員時代の発想では生き残れなかったでしょう。

外山　大山さんは、公務員と民間の経営者の両方を経験しています。行政へのＭＢＡの導入の是非について、意見を聞かせてくれますか。

大山　そうですね。正反対の二つの議論があるようです。まず、「役所も民間に学べ」「役所はサービス業だ」「役所の常識、世間の非常識」なんて感じの、行政が悪・非効率、民間が善・効率的という主張です。公務員自身も時々同じようなことを言いますね。まぁ、民間に比べてどうかと言われると、後ろめたいところがあるんでしょう。この主張に従えば、行政へのＭＢＡの導入は有効な手法の一つである、効果が期待できるということになるでしょう。

一方、「民間企業は利益を追求するが役所は違う」「行政には、効率性のみでは割り切れない部分がある」「行政は民間が担わない部分を担っている」「民間のお客様は代金を払うが市民は逆に給付を求める」と言って、行政と民間の相違点を重視する主張があります。こちらの視点に立てば、ＭＢＡの導入は不適当または、効果が小さいということになると思います。

先山　私は導入の効果は大きいと思います。大山さんが言った後者の主張、「民間と役所は違うんだ」論は、官民の違いを誇張しています。そして、役所の慣行や理論を正当化する言い訳に、しばしば使われています。

守山　でも、基本的に官民の違いは大きいと思いますよ。だって、民間企業は金を払ってくれるお客様のみを相手にしているのに対して、行政は福祉に頼る住民のサポートもしなくてはならないのです。利益・効率性重視なら福祉は縮小・切り捨てが正解じゃないですか。

先山　すべての組織は、使命や目標を持っています。その使命・目標を達成するために、いかに組織をうまく機能させるか。これは官民とも同じです。株式会社なら、株主、顧客その他の利害関係者への利益の提供が使命です。行政なら、金銭的利益ではなく、「地域内の住民の福祉」の向上が使命になるでしょう。そこで、どうやったらよいかと考えたところでMBAの発想が機能するのです。

成果の指標

神山　ところで、行政批判には2つのポイントがありますね。第一は事務や事業の進め方、つまり遅い・効率的でない・融通が効かない・時代遅れだといった批判です。第二は税金の使い方、つまり無駄な公共事業、役に立たない施設や組織等に関する批判です。まず第一の批判で指摘されている問題について、MBA導入で改善される見込みはあるんでしょうか。

先山　民間企業も役所も組織であり、その組織目標を効率的に達成するための工夫が必要だという点では、共通するものがあります。ＭＢＡでは、迅速・正確な意思決定や、円滑な事業遂行の仕組み、トップ及び従業員が身に着けるべき能力や倫理観、クリティカル・シンキングやロジカル・シンキング、財務諸表の読み方等を学びます。これらは、行政が第一の批判に対処していくために十分役立つものです。複式簿記による財務諸表を作って、財政状況をチェックしようとする自治体が増えているようですしね。

守山　しかし、利益という数値化できる指標を持たない役所で、どうやったらＭＢＡ導入の成果を評価できるのでしょうか。多くの職員は、ＭＢＡ導入なんて聞くとまた余分な資料作りが増えるだけだ、なんてネガティブな反応を示しますよ。

先山　いい指摘ですね。成果の指標がないと改革が単なる資料作りになり、手抜き、骨抜きとなってしまいます。私もいろいろな文献をチェックしてみましたが、「経営学を行政にも適用するメリットはある。ただし利益に代わる指標が必要だ」というところまでの記述はあるのですが、「その指標とは何か？」という点については、明確な回答が示されていませんでした。「住民の福祉」なんて一般的な言葉だけでは、指標とはなりえません。確かに、行政の担っている分野は売上や利益のように数値化が困難なものが多いですね。そもそも行政が利益を上げるということは、その分、誰かが負担しているということです。住民票の発行手数料を1枚千円にすれば利益が上がるかもしれませんが、誰もほめてくれないでしょう。

佐山　マクドナルドと住民課の窓口を比較するとわかりやすいと思います。お客様に「フライド・ポテトもいかがですか?」というのは、利益という指標達成に合致した行為です。しかし、住民票をとりに来たお客様に「印鑑証明もいかがですか」なんて言っても、双方になんのメリットもありません。住民課に対してお客様が求めるサービスは、迅速な処理、わかりやすく親切な応対でしょう。

しかし、わかりやすく親切な応対というのは、数値化が困難です。来庁者アンケートという方法もありますが、回答の質の点で、分析に足るデータを得るのは容易ではないように思われます。待ち時間については、統計をとることも可能でしょう。しかし、来庁者の待ち時間短縮を優先して、人員増や機械の増設等のコストをかけることが住民のためになるかどうかは議論になると思います。マクドナルドなら、待ち時間が長すぎると他の店に流れるお客様も出てきます。そこで、待ち時間を原因とする売上減少額と、人員や設備増の費用を比較しながら、最適量のスタッフと設備を配置するでしょう。一方、住民課の場合は、たとえ待ち時間が長くても自治体の売上が減る訳ではない。そこで、広く市民全体の利益を考えると、来庁者の待ち時間が長くなるというデメリットよりも、できる限り少数の人員・機械をフル回転してコストを下げ、その部分を他の行政サービスに振り分けるメリットのほうが大きいという判断もありえます。

神山　確かに、窓口対応についてアンケート等を行えば、数値化は不可能ではありません。しかし、民間企業でもこのような分野での数値化の有効性については、議論が分かれているようですね。今、佐山さんが出した住民課の例であれば、アンケートで「不満」と回答した主な原因が、長い待ち時間だったのか、それとも職員の応対なのか、評価を慎重に行う必要があります。長いことお待ちになったお客様は、カウンターに来る前から爆発寸前で、些細なことがトラブルに繋がるといったこともあるでしょう。

守山　行政評価の先進事例について、複数の自治体を視察しましたが、効果測定がネックでしたね。数値化が困難な課題について一律に数字の指標を設定させて立派な報告書を作っても、職員がそうした指標に懐疑的であれば、結局、あまり活用されないようです。

現状維持

神山　では、税金の使い方に関する批判についてはどうでしょうか。

外山　役所では、「既存事業の思い切った見直し、スクラップ・アンド・ビルド、行政需要に対応した新規事業への重点的配分」なんていうことが、昔から唱えられていますよ。しかし、実際はその言葉通りにはいかない。既存事業には受益者がいるし、担当課は、外圧でもない限り、あえて波風をたてて既存事業の見直しをしようなんて思わない。そうすると、住民が求めている新規事業へ振り分ける金が捻出できない。変化への対応に追われる民間企業から見たら、「ぬるま湯に浸かっている」「微調整でごまかしている」といった評価になるでしょう。

守山　でも、行政に無関心な住民が大部分だと、それで済んでしまうんじゃないですか。仮に、有権者がもっと積極的に意思表示すれば、我々も動かざるを得ない。また、現状に問題意識を持っている優秀な職員も都庁にはたくさんいます。そういう職員にとっては、都民の積極的な参加は、むしろ追い風になると思います。

佐山　たとえば、コンビニだったら、リアルタイムで売上を把握しており、利益の計算も速やかに行える仕組みが出来ています。ニーズへの対応は迅速です。売れない商品、利益率の低い商品は速やかに撤去して、売れ筋商品、利益率の高い商品をたくさん並べます。結果として、コンビニをよく利用する若者中心の品揃えになり、高齢者の求める商品の優先順位は低くなります。一方、役所では限られた財源を、いろんな利害関係を持った人に配分していきます。誰をどの程度満足させれば「住民の福祉」になっているかって、判断するのは難しいですね。

大山　ラーメン屋やコンビニは、お客様の購買動向がすぐわかるから動きやすい。お客様が減れば、「なんとかしなきゃ」って考える。でも、都庁はでかすぎますよ。都民ニーズといってもいろいろだし、どう動いていいかわからない……。結局、今までの事業を漫然と継続することになりがちです。

責任者は誰だ？

神山　それって、住民福祉の向上という公務員の責務に反するんじゃないですか。

守山　「役人は責任をとらない」といった評論を良く聞きます。しかし、組織として決定した事業を担当した者が忠実に仕事をしたとするなら、意思決定をした上層部こそ、責任を負うべきだと思います。

佐山　さらに、その前段があるんじゃないですか。行政の無駄遣いを批判するテレビ番組の例を紹介させて下さい。利用者が極端に少ない観光客向けの体験施設、外国人がデザインしたという豪華・奇抜な外観の清掃工場等を紹介し、芸能人のリポーターが「こんな無駄な施設、誰が作ったんだ？」と住民を煽っていました。登場した住民の反応はあきらめ組と激怒組に分かれていました。しかし、激怒する人たちに言いたい。「あなたたち住民がチェックしなかったんでしょ？」。責任者は住民ですよ。まぁ、その自治体の職員は、こんなことを公式には言えませんが。

外山　一理ありますね。というか、そのとおりだと思いますよ。でも二つ問題点があります。第一に、そもそも行政自身の判断が誤っていなかったか、もしも誤っていたとすれば、行政自身にも責任があるのではないかということです。言い換えれば、議会による審議やリコール等のチェックのシステムがあるのだから、結果の責任は全て住民にあると言い切ってよいかということです。第二に、現実に、住民にとってチェックする機会があったかということです。ある程度以上の施設建設では、契約の議決や条例設置で、議会のチェックが入ります。また、周辺地域の自治会長への根回しや住民説明会もやっているはずです。パブリック・コメント等の併用も行われるようになってきました。では、これで本当に住民に説明責任を果たし、意見聴取をしたと言えるのでしょうか。

神山　民間人、住民の立場で言わせてもらえば「NO」ですね。公務員バッシングばかりでは申し訳ないので、民間の類似の例を出しましょう。昨今問題となっている生命保険、医療保険の不払い問題です。ご存知のように、保険の約款というのは細かい字で書かれていて、全て読む人はいないでしょう。その結果、いざという時、不払いが生じるのです。契約文面上は、保険会社に理があるかもしれませんが、加入勧誘時の説明、保険金支払い請求の案内等が不十分だったとの批判が高まっています。私たちは、保険について素人です。したがって、プロである保険会社が重要事項や契約者に不利な事項について、きちんと説明責任を果たすことが、公正な取引の前提です。約款に書いてあるというだけでは、素人の顧客にとってあまりに不公平です。不払い問題を容認すると、短期的には支払いを逃れた保険会社は儲かります。しかし、長期的にみると、保険事業の持続的発展にはマイナスとなるでしょう。

一方、行政についても同じ問題があります。議会の機能は、ある程度は認めます。しかし、それだけでは民意を汲み取っていると言えないでしょう。政治に素人の知事・市長候補が、議会の多数派が推す候補を破って当選しているのがその証拠です。住民説明会も、十分に機能しているとは言いがたい。行政側の一方的な説明が中心で、不利な事実は出さないか、質問されてから小出しにすることが多いと聞きます。これでは、住民が多様な資料をもとに判断し意見を言えるかどうか疑問です。住民説明会が、時として住民からの批判や怒号だけで終わるのは、正確な情報を与えられていない、行政は何か隠している、という不安感・不信感の表れです。一般の市民が、もっと容易に資料を集め、意見を出しやすくする工夫が必要だと思います。

みんなが責任者

大山　そうですね。いわゆる迷惑施設を近くに作るなんて計画を突然発表されたら、何が問題や争点となるか、地域住民としてどんなアクションを起こせばいいのか、戸惑ってしまいます。マイナス面も含めた資料を、インターネットなんかで入手できれば便利ですね。

神山　例えば清掃工場を新設するときは、行政がインターネットで、「〇〇地区清掃工場建設サイト」みたいのを作って、行政、住民、環境保護団体、清掃工場の建設業界等が、それぞれ自分たちの主張をし、情報を提供するなんていうのは面白いんじゃないですか。もちろん、質疑応答のコーナーも設けます。わざわざ説明会場に行って、役人の資料棒読みの説明を聞くよりも役に立つし、面白いと思いますよ。

先山　行政側としては、地元還元のメリットを強調するわね。「地域住民用に集会施設を用意します。公園やテニスコートも作ります。工場は緑に覆われたものにします。煙が健康に影響を与えることは一切ありません」なんて感じかしら。

守山　反対派が、大気汚染の可能性や出入りする清掃車の交通に及ぼす影響を争点とする一方で、清掃工場の建設業界は、データを示して安全性を主張するでしょう。もしも反対派の勢いが強ければ、説得するために、地元還元をより充実することも考えられます。温水プールとか、道路の拡幅による交通渋滞解消なんかがあるでしょうか。おみやげを多くすると、他の地域から清掃工場の誘致が来るなんてこともあるかもしれませんよ。

外山　このサイトで活発な議論が交わされれば、

地域住民も十分な知識を踏まえて賛成・反対の意見を表明することが期待できます。住民、行政がともに同じ土俵で、議論し合うのです。住民は、主張するところは主張し、譲るところは譲る。行政は、地域の負担に見合った代償を提供する。つまり、双方とも自治体の運営のために責任を果たすのです。

住民参加の8段階

先山　以前AIDMA（アイドマ）という、消費行動の理論を紹介しました。Attention（注意）→Interest（関心）→Desire（欲求）→Memory（記憶）→Action（行動）でしたね。住民参加についても似たような理論があるんです。これは、アメリカの社会学者アーンスタインが示した「住民参加の8段階」です。

1 住民を操る。(Manipulation)
2 住民の緊張をほぐす。(Therapy)
3 住民に情報提供する。(Informing)
4 住民に相談する。(Consultation)
5 住民を懐柔する。(Placation)
6 住民と協働する。(Partnership)
7 住民へ権限を委譲する。(Delegated power)
8 住民が全面的にコントロールする。(Citizen Control)

現在の住民参加の段階は、1から3に留まっているのではないでしょうか。不十分ながら4段階、5段階程度に達しているものがいくらかあり、6、7はまれでしょう。

守山 でも、どうしても住民参加って必要なんでしょうか。率直に言って、役人の多くは、公式には住民参加の重要性を唱えても、実際は、第一段階程度に留めたいと思っています。

神山 その発想は、「製造志向」や「製品志向」ですね。つまり、行政が提供するものに意見をいうなとか、いいものを提供するから大丈夫だといった感じです。もしも、多くの住民が「お上のやることに異存はございません」「お上のやることは正しいです」と考えているなら、それでもいいでしょう。しかし、実際はそうではない。行政批判、公務員バッシングが常態となっています。住民と行政が協力関係にあるのではなく、対立関係または無視する関係になっているのです。これは、住民にとっても行政にとっても不利益です。行政は、まず説明責任を果たして住民の信頼感を高めることです。MBA的に言えば、行政のブランド・イメージの向上でしょうか。一方の住民にとっては、参加する責任を果たすことが相互の利益になるのです。

官から民へ

神山　行政改革、規制緩和、郵政事業に象徴される民営化が進められる中で、従来行政が独占的に行ってきたことが、次第に民間に任せられるようになりました。民営化や民間委託の範囲は、今後とも拡大していきそうです。この点についてはいかがでしょうか。

外山　恥ずかしながら、民間に任せたほうが、安くまた質の高いサービスを提供できるという事実は認めざるを得ません。年収８００万円の熟年の職員が、希望しないのに配属された窓口職場で接客して、給料に見合う仕事をすると期待するほうが間違っているかもしれません。また、来庁者が、指一本でたどたどしく電卓やパソコンをたたいている職員を見かねて、叱責の手紙を送ってきたこともありました。住民には、とても納得できる状態ではないのです。しかし、職員は納得しています。なぜか。そういうマチュリティの低い職員が職場に生き残っていた方が、自分たちも安心だからです。まさに、護送船団方式なんです。都庁は、60歳まで給料という名の年金をもらえる17万人の職員の面倒を見ていると言えるかもしれません。

守山　かなり手厳しいですね。しかし、常勤職員でないと出来ない分野もあるんじゃないでしょうか。

外山　一昔前までは、住民のプライバシーを扱う職場は、常勤職員でないとだめ、なんて主張が通っていました。しかし今は、その垣根はほとんどなくなっているといってよいでしょう。コンピュータのシステム開発を委託する場合、外部の業者が膨大な個人情報を扱うこととなります。計算や資料整理等は、外部スタッフの方が、はるかに安い時給で、文句も言わずにてきぱきと処理してくれます。窓口業務の接遇については、その職に就くことを納得して応募してきた非常勤職員の方が良い応対をしているのは、当然の結果です。ドラッカーは、企業において、トップ・マネジメント以外は、全てアウト・ソーシングできるとしています。

先山　それどころか、小さな自治体では自らの憲法ともいえる基本構想、基本計画をシンクタンクに作らせているところもあるようです。たしかに、自治体の基本構想、基本計画は総花的となりがちで、表紙の自治体名を変えて、内容を適当に再編集すれば他の自治体のものとして使えそうですが……

守山　なんか、我々常勤職員の存在意義がなくなりそうですね。

神山　基本構想・基本計画を、形作り程度に考えているなら外注でも可能でしょう。むしろ、ビジュアルを重視した見栄えのいい本ができると思いますよ。しかし、実質的な意思決定は、自治体の実態を熟知した常勤職員がやらないといけません。また、耐震性偽装マンションの問題で指摘されたように、指導・検査機能は、公正性の確保の点で、委託ではなく直営で行う必要性が高いと思います。ただし、住民が、さすが直営の職員はちがうなと認識するようなレベルの仕事をこなさなければなりません。

ネットワーク

守山　行政に対する厳しい注文が続きましたが、連日残業して奮闘している都庁の管理職の努力も認めてくれませんか。法令の規制や関係団体の圧力、そして時間のかかる庁内調整の中で、精一杯頑張っているんです。

佐山　そうですね。傍で見ていて、管理職はなんであんなに忙しいのかって思います。

外山　心情的にはわかる。しかし都庁の外から見ると、積極的な評価には値しないんじゃないかな。つまり、枝葉的な微調整、形づくり、文章の「てにをは（文言の表記・表現方法の細かい検討）」に時間をとりすぎている。戦略的な視点で考えず、都民の役にたたない庁内調整等に忙殺されているんです。

神山　ある銀行で支店の仕事の内容を見直してみたら、3分の1は本社への報告資料の作成だったそうです。これで、お客様へのサービスも頑張れなんてことになると、連日残業は当然かもしれませんね。とにかく、日本の会社は細かいところまで本社の意向に配慮しすぎるというか、本社が些細なことまでコントロールしたがる。

　経済のグローバル化、ＩＴの進歩の中で、企業はより戦略的かつ迅速な意思決定が求められています。そのためには、仕事を効率的に進め、戦略的思考に多くの時間を配分する必要があります。解決策は、とにかく無駄な仕事を減らすことです。やり方は簡単です。まず、資料作りを一斉に止めることです。そして、資料がないと具体的な支障があるもののみを、例外的に作ることです。それ以外の資料は作らせてはいけません。そこまで徹底することが怖かったら、過去1年間に具体的に1回も使わなかった資料は作らない、作らせないことです。やってはいけないことは、「もしも本社から聞かれたら困るから」とか「念のため知っておきたい」レベルの資料は作らないことです。ただし、この方針が成功するかどうかは、トップや本社スタッフが、基準を守って不要な資料要求をしないことが前提になります。

守山　そうすると、都庁でも、官房系のえらい人たちが、そのような方針を打ち出して守れば仕事が減るわけですね。

神山　もちろんです。しかし、その減った分の一部はぜひ都庁の将来を見据えた戦略的思考に使って下さい。その際は、体系的に確立されているＭＢＡの知識や発想を学ぶことをお勧めします。

先山　そうですね。役人同士がＭＢＡの発想に基づいて議論するなんて、エキサイティングですね。そうなったら、争点は非生産的な庁内調整や「てにをは」の検討ではなく、都民のニーズ、都庁の資源やポジショニング、費用対効果比等に移るでしょう。仕事が面白くなりますよ。

外山　私は、及ばずながら職場でそのように実践しているつもりです。トップから一般職員まで、そのような発想を持つ職員のネットワークが拡大していくことが、私の公務員としての使命と考えています。

先山　少なくとも、わがチーム４名はそのネットワークに入っていますね。

大山　神山さんや私も、外部のサテライトとして仲間にいれておいて下さい。

外山　はい。よろこんで。このような機会を、今後とも定期的に持ちたいと思いますので、ぜひ参加してください。

14 駆け足ＭＢＡ

この章では、これからＭＢＡを勉強しようかな、とりあえずＭＢＡでどんなことを勉強するのか知りたいなと思っている人（主に公務員）向けに、ＭＢＡの主要科目を、駆け足で見ていきます。

マーケティング、クリティカル・シンキング、ロジカル・シンキングの考え方については、既に物語の中で紹介してきましたので、この章では、ケーススタディの中で扱います。経済学、会計学については行政への活用を意識しつつ、本書で登場した先山と守山の対話形式で、わかりやすくお話していきたいと思います。人事管理・組織管理については、職員研修で基本を学ぶ機会もあるので今回は省略します。メンタル・マネジメントについては、いろいろな考え方や方法論があります。とりあえず、物語の中でも活用した、コーチングについて対話形式で概要を紹介します。

ケース・スタディ

事例

「日本における、高級ビター・チョコレート市場のマーケティング」をとりあげます。これは、私がアメリカのアナハイム大学のＭＢＡコースを履修したときに課されたテーマをアレンジしたものです。

現状把握

資料収集の方法は、いろいろあります。手軽でしかも役に立つ資料を提供してくれるのが、国、業界団体のホームページです。チョコレートの消費額の経年推移、他の嗜好品の消費額との比較、海外との比較等について、信頼性の高いデータを得ることができます。また、チョコレート・メーカーのホームページでは、一般人向けの製品案内、投資家向けの財務諸表や業績の資料、経営方針等の情報が得られます。投資家向けには、あえてリスク情報、例えば、「将来○○という状況が起こると、わが社の業績に悪影響が予想されます」といった内容を提供することもあります。さらに、チョコレートに関連して、独自のホームページを開設している個人もいます。個人的研究や意見、関連のリンク先について閲覧できますので、参考になります。さらに、アンケートに特化したサイトもあります。もしも、チョコレートに関するアンケート結果があれば、データの一部を無料で閲覧できます。より詳細な内容は、有償で購入することとなります。

直接、現場の状況を確認することも大切です。デパート、スーパーマーケット、コンビニエンスストアの商品棚をチェックすると、様々な発見があります。チョコレート専門店では、売れ筋や客層等について、店員にさりげなくヒアリングしてみたらどうでしょうか。自分の職場で、消費者としての職員に聞く方法も考えられます。思い切って、メーカーに取材を申し込んでみるのもいいでしょう。最初の窓口は、広報課か総務課になると思います。ただし、先方は仕事中です。礼を尽くし、また何を聞きたいかを整理してからお願いしましょう。

最後に、自分自身の持っている資源の活用です。例えば、海外生活を経験した人なら、チョコレートがどのように消費されているか、海外との比較という視点から、考えられるでしょう。友人・知人で、メーカーや小売業界・フィットネス関連の人がいたら、思わぬ情報が得られるかもしれません。日頃から社会のトレンドに敏感になっている人は、高級ビター・チョコレートをキーワードに、いろいろなトピックを思いつくでしょう。

私の場合、在日欧米人約10名から、本国との比較という視点で情報を集めました。多数意見は、①一般に、欧米人は、男女の別なくチョコをよく食べる。チョコ中毒（chocoholic）

という言葉があるくらいだ。②日本のスーパーは、欧米と比較してチョコの種類が少ない。③日本のチョコの味は本国と違う（おいしいか、そうでないかは意見が分れるが、本国のほうがおいしいという点では一致）。また、私の狭い経験の中でも、欧米人が、自らのチョコレートに関するこだわりを書いたエッセーをいくつか目にしました。

分析、ターゲティング、ポジショニング、マーケティング・ミックスの検討

以上の現状把握から得られたデータ、社会全体の環境、業界の環境をもとに、SWOT分析をします。この段階では、自分がどういう立場にあるかを決めないと分析できないので、①日本の大手メーカー（明治、森永等のイメージ）②海外の高級メーカー（ゴディバ等のイメージ）であると想定して作業します。

この分析では、もちろん、いろいろな判断があり得ます。しかし一般的には、日本の大手メーカーなら、①知名度、販売力、資金力を武器に、資本を投下して高級ビター・チョコ市場の拡大に乗り出す②自社ブランドのイメージは高級品ではないので、資本を投下してもそれに見合った売り上げが見込めないから現在の品揃えで対応する、といった選択があると思います。一方、海外の高級メーカーなら、①高級品のブランド・イメージを武器に、商品の種類を増やして顧客層を拡大する②ニッチ・マーケットの中で、現在の顧客を確実に囲い込む、といった方向性が考えられます。

次に、ターゲティングですが、ポイントは子供、若者、女性が主な対象だったチョコの消費者を、男性や高齢者に拡大するかということになるでしょう。いまや、マーケティングの世界で、団塊の世代の取り込みが定番のトピックとなっていますが、チョコではどうでしょうか。

ターゲットが決まったら、自社のポジショニングをして、マーケティング・ミックスで4つのPの検討に移ります。ここでも様々な考えがありますが、前提を「高級ビター・チョコ市場の拡大は見込めない」としたなら、そのようなニッチ・マーケットのシェアを奪い合うのに資本を投下するという選択肢はとらないでしょう。したがって、基本的には守りの戦略です。逆に、市場拡大の見込みありとした場合、日本の大手メーカーには、高級ブランドのイメージを作り出すための工夫が必要です。一方、海外の高級メーカーは、ブランド・イメージを維持しながら、どうやって知名度を上げるか、価格設定の幅を広げるのが有利かどうか等が課題となるでしょう。思い切って、日本の大手メーカーと海外の高級メーカーが合併や提携をするというのも、選択肢となるでしょう。

最近の動向

景気の本格的回復の兆し、団塊の世代の消費取り込みを意識してか、日本のチョコレート市場には1粒千円以上もする超高級チョコレートの販売等、強気の傾向が見られます。これらの超高額商品は、あくまでもニッチです。ポイントは、日本の多数の消費者が従来よりもやや高い価格帯のビター・チョコを受け入れるかどうかです。既に、商品はリリースされています。プロモーションは、特に積極的という訳ではないようです。

私見ですが、日本には欧米のような「チョコ文化」、つまりチョコに関するこだわりはまだ浸透していないようです。スイーツに関する職員同士の会話は、「○○で売ってるケーキはおいしい」「あの店のどら焼きの餡こはいい味だ」なんてことで盛り上がることはありますが、チョコの味について気合を入れて語り合うことは、あまりありません。したがって、嗜好の多様化の結果として、高級ビター・チョコレート市場は、ある程度は拡大するでしょうが、当面は現在の状況は変わらないのではないかと考えます。

経済学

経済学キライ!

守山　経済学って、いろんな理論や複雑なグラフがあって難しそうだ。はっきり言ってキライだな。昇任選考では、出題数が少ないから最初から捨てているヤツも多いよ。

先山　でも、私たちの生活に密着した事実について、仮説を作り検証し、行政や企業にアドバイスもし、国民の生活や企業の助けになっているわ。面白いと思えば面白いのよ。ミリオンセラーの『さおだけ屋はなぜ潰れないのか』ってノリかしらね。

守山　経済学者がたくさんいても、不況は防げないじゃないか。自由競争に任せておけばいいんだよ。

先山　あら、そんなこと言ったら行政は不要っていうことになるわよ。景気の変動の原因については、いろいろな学説があるわ。でも、原因はともあれ、行政は、現在不況で苦しんでいる住民、企業を前にして、「自由競争です。弱肉強食です」ってすましてはいられないのよ。減税、公共事業の拡大、企業への融資制度の充実、失業者への就職斡旋や福祉給付の拡大等の施策を実行しなければならないんです。

財政政策と金融政策

守山　不況時に行政が何かしなくちゃいけない、っていうのはわかったよ。でも、それって経済学ではなくて、産業振興策や福祉政策の範疇にはいるんじゃないの。

先山　まぁ、直接の対症療法的部分に着目すれば、そういう面もあるかな。でも、もっと積極的な面もあるのよ。例えば、減税や公共事業の拡大をすれば、その恩恵で可処分所得が増えた人たちは、より多くのお金を衣食住に支出できる。これには、一次的に福祉政策という面もある。でも、その増えた支出の結果、企業が潤い、設備投資や従業員の賃金、消費支出の増加につながる。これが繰り返されて景気を刺激するのよ。これが、有名なケインズの乗数理論で、財政政策の根幹の考え方ね。

守山　たしかそんなことを聞いたことあったな。でも、政府や自治体が公共事業を増やしても、なかなか景気が良くならなかったじゃないか。

先山　そうね。実際、理論どおりいかないところに経済学の難しさがあるのよ。財政政策よりも、お金の供給量がカギだって主張する学者もいます。つまり、不況時には中央銀行の金利引き下げ、市場からの国債買い上げ等によって、お金が世の中にたくさん出回るようにするのよ。これが景気を刺激して、不況から脱出できるという考え方で、金融政策と言われるものよ。

守山　ふうん。お金の量も景気に影響を与えるのか。じゃあ、不況時には財政政策、金融政策を発動させて、減税・公共投資の増加・低金利政策・国債の買い上げを進めればいいってことかな。

先山　そう単純ではないわ。減税、公共投資の増加は、国や自治体の借金を増やす。そうすると、将来の世代に負担となるだけでなく、現在の世代も将来に不安を持つので、貯金をして消費が減るなんてマイナス効果もあるのよ。それに、国債を増発すると、市場全体の金利を押し上げるから、国債の買い上げや低金利政策とは矛盾するわね。低金利政策は、既にゼロ金利に近い状態ではそれ以上の効果は期待できない。それに、あまりに低い金利だと、お金を貸そうという企業や人が減るという面に注目すれば、景気にはマイナスね。

守山　じゃあ、どうすればいいんだ？

先山　それで、官僚や学者が悩んでいるのよ。解決は容易ではないわ。

なぜ紙幣に価値があるか

守山　そうか。じゃあ難しい話はさておいて、素朴な疑問なんだけど、なんでお金って価値があるんだろう。1万円札って、もとはただの紙とインクだもんね。

先山　それは、みんなが信用しているからよ。

守山　なんか、禅問答みたいだな。たしかにそう言われればそうだけど。

先山　もしも日本国が沈没すれば、1万円札は紙切れよ。外国で円を両替しようとしても、相手にしてくれないわ。

守山　じゃあ、なんでみんな、日本国がある限り1万円札に1万円の価値があるって信用するんだ？

先山　お金の歴史を、原始時代に遡って解説しましょう。

原始時代、通貨はなかった。その代わり、人々は物々交換によって必要なものを入手していた。しかし、交換の度に品質や量をチェックしなければならない。それに、肉は腐る。穀物は重い。そこで、品質が安定していて保存性があり、持ち運びに便利なものが交換の媒介物として登場した。貝、装飾品等から始まり、金、銀等の金属に主役が移っていった。これが通貨になったのだ。

しかし、政府が持っている金、銀にも限りがある。そこで、政府は他の金属を大量にまぜた金貨、銀貨を発行した。この結果インフレが生じた。市場は、通貨に記載された額面は信じないで、実際含まれている金銀の価値しか認めなかったのだ。

政府は、今度は紙幣を発行した。人々は紙幣の価値を信用しなかった。そこで、政府は、紙幣を一定量の金銀に交換することを約束して紙幣の価値を認めさせた。その後、世界の多くの政府は、金銀に交換することをやめる代わりに、国家または中央銀行が、責任をもって通貨量を管理することとした。人々は政府を信頼し、紙幣の価値を認めるようになった。

守山　では、もしも人々が、政府の通貨管理をあまり信頼できないとか、政府が外敵に倒されそうだと考えたら、紙幣の価値は落ちるだろうな。

先山　そうね。そういう国の人々は、貴金属やアメリカ・ドル等を蓄財の手段としているわ。自国の通貨では安心できないのよ。

通貨の評価

守山　ついでに聞くけど、外国通貨の価格って、誰が決めているんだろう。円安だ、ユーロ高だとか、ニュースで騒いでいるけど。

先山　現在は、多くの国が変動相場制で、市場の判断に任せているわ。だから需要が多い通貨、信用の高い通貨は価格が高くなるのよ。輸出超過の国、政情の安定している国、インフレ率の低い国の通貨は高くなるってことね。自由経済の原則からいけば、変動相場制が望ましいんだけど、為替変動が経済活動を不安定にするという問題があるわ。円安なら、輸出企業には好都合でも、輸入企業の収支が悪化するのよ。中国のように、為替レートを国家がコントロールしている国の場合には、貨幣の経済的価値が実態とかけ離れているので、貿易不均衡等の問題が生じやすい。先進国は「中国の元は安すぎる。だから安い中国製品を輸出できるんだ」と批判して、元の切り上げを望んでいるのよ。

守山　それって、不公平な仕組みだよね。

先山　ええ。でも日本も１９７１年までは、１ドル３６０円の固定相場で輸出を伸ばしてきたのよ。

守山　中国といえば、日本の産業空洞化が問題になっているよね。電化製品から衣料品まで、身の回りの製品の多くが、日本ブランドなのに中国・東南アジア製だよ。

先山　圧倒的に安い人件費を求めて、製造部門をそういう国々に移した結果ね。産業空洞化は、雇用機会の減少、輸出の減少、輸入の増加、技術力の低下という問題をもたらしています。政府の対策としては、円安誘導による価格競争力の回復、税制上のインセンティブ、補助金、先端技術についての研究・開発支援等があげられます。

経済指標

守山　政府は、平成18年あたりから、景気が本格的に良くなり出したようなことを言っているけど本当かな。これからは、確実に景気が上向いていくのかな。

先山　いろいろな指標によれば、上向き傾向が一層明確になったことは間違いないわね。でも、先のことは誰にもわからないわ。せっかくだから、主な指標の確認をしましょう。まず、ＧＤＰって何？

守山　えーっと。国内総生産です。

先山　昔は、ＧＮＰって言ってたけど、それと違うの？

守山　ＧＮＰは国民総生産です。違いは国内と国民の違いです。つまり、えーっと……

先山　あら、知らないの？　国内っていうのは、外国企業の分も含めた我が領土内の総生産額のことです。国民っていうのは、外国企業は除き、日本企業が海外で生産した額を含めるということです。ＧＤＰのほうが、わが国内で行われている経済活動をより正確に反映しているということから、ＧＮＰにとって代わったのよ。では、日銀短観、月例経済報告はどう？

守山　降参します。でも、よくニュースで聞く言葉ですね。

先山　まず、日銀短観は、日本銀行が四半期ごとに、全国の約１万の企業にアンケートして、その回答をもとに経済の行方を観測するものです。この指標は、日銀の見解ではありませんし、回答方法は各企業の判断、つまり業況が良いか悪いかということで、主観が入りやすい。しかし、企業の感覚を反映しているという点で、重要な指標として使われています。

次に、月例経済報告は内閣府が出すもので、政府の景気に対する公式見解です。個人消費、生産、輸出入、雇用などの主要経済指標を基に発表するものです。「変化の胎動」等の工夫した表現を使うことや、前月の判断とどう変わったかが注目されるわね。これらの指標は、インターネットでも見られます。昔は、月例経済報告を経済企画庁まで買いに行ったそうよ。

守山　そういえば、平成18年12月、政府は、景気拡大期が59ヵ月連続となり、「いざなぎ景気」を超えたと言ったけど、実感できないという声が多いよね。

先山　確かにそうね。一つだけの指標で判断するのは適当ではないわ。所得は増えないし、雇用に不安もある。ずっと景気は低迷してきたって感じている人が多いんじゃないかしら。同じ月に内閣府が出した「景気ウオッチャー」では、景気は横ばい、先行きは悪化なんて結果になっているわ。

守山　何ですかその「景気ウオッチャー」って？

先山　タクシー運転手やスーパー店長といった第一線の人たちに、景気の動向を聞くのよ。街角の感覚を反映することが期待されているわ。

守山　いろいろな見方があるんだな。

先山　そうね。たとえば、２００２年のワールドカップは日本に大きな経済効果をもたらしたというのが定説だけど、同年６月の景気ウオッチャーによると、ワールドカップはマイナス効果だったっていう回答が多かった。つまり、ワールドカップの日には、多くの人が家でテレビを見ていたから、デパート、飲食店の売上やタクシーの利用者が大幅に減ったのよ。

そういえば、私の通っている英会話学校でも、試合の日は、生徒が少なかったな。

経済学と政策決定

先山　最後に3点、指摘しておきましょう。まず、経済学の理論は実社会で機能するとは限らない。しかし、役に立たない訳でもないということです。まぁ、たかが経済学、されど経済学といったところかしら。たとえば、誰でも知っているアダム・スミスの『神の見えざる手』は、理論的には正しい。つまり、需要と供給の釣り合いのとれたところで価格が決まるのです。この理論は、完全な自由競争市場を前提としています。しかし、世の中には政府の規制や補助金、企業の市場独占、消費者の情報の不足等、自由競争を歪める要素がたくさんあります。したがって、『神の見えざる手』がそのままでは機能しないことが多いのです。

第二に、自由競争、自由貿易は、長期的には国民全体の利益になる、しかし短期的には行政の介入も容認されるということです。『神の見えざる手』を、政府の規制や補助金、独占企業による市場支配で歪めると、結局、社会全体の利益が減るということは、理論的に証明されています。ではなぜ政府が介入するのか。国内産業の振興、食料自給率の確保、起業者支援、不況業種の救済等が必要だと判断するからです。もしも自由競争に任せると、大量の失業、社会不安や福祉の支出増大、大企業の市場支配という問題が生じ、かえって経済にマイナス効果となるおそれもあります。したがって、時には規制や保護が必要な場合もあるということです。ただし、選挙対策や利権を目的とした介入は、社会全体の利益を減らすので有害です。

第三に、では、どこまで政府が経済活動に介入すべきか。これが、経済政策のみならず、行政活動全体の妥当性を判断する上での重要なポイントであるということです。大きな政府か小さな政府か（高福祉・高負担かその逆か）、国営か民営か（直営か委託か）、規制か自由競争か（政府の庇護か自己責任か）、様々な利害を調整しながら、判断しなければなりません。

守山　我々の都庁の政策判断にも、経済学の視点が必要だということですね。

先山　そうね。経済学の理論や学説を全部覚えようとしなくてもいいわ。とにかく、基本だけ押さえておくだけでも、日経新聞が面白くなると思います。

会計学

アカウンタビリティ

先山　では、会計学の基礎を勉強しましょう。ＭＢＡでは、アカウンティングって呼ばれることが多いですね。

守山　民間と役所で仕組みが違うんじゃない？　あまり勉強するメリットがなさそうだな。

先山　確かに民間企業は、役所と違って複式簿記を義務付けられているわ。でも近年、役所の財政状況を、民間の財務諸表のルールに従って分析、公表する自治体が増えているわね。

守山　そういうのは、財政担当に任せておけばいいよ。

先山　ちょっと待って。私たち行政でも、アカウンタビリティって言葉をよく使うわよね。

守山　「説明責任」って意味かな。それがどうしたの。

先山　その説明責任っていうのが、会計学の大きな目的です。だから、会計学は英語でアカウンティングっていうのよ。それでは、会計学の目的から入りましょうか。もしも、会計学や会計の基準がなかったらどうなるかしら？

守山　うーん。会社は、それぞれの方法で帳簿をつけると思うよ。そうしないと、現金や貯金の使い道や残高を管理できないから。

先山　それから？

守山　ちょっと思いつかないな。

先山　きちんとした帳簿がないと、会社が儲かっているか、損しているかわからないのよ。

守山　現金と通帳の残高をしっかり管理しておけば、わかるじゃないか。

先山　でも売掛金や買掛金も把握しないと。つまり、製品を売っても代金をもらっていない場合や、物を買っても、まだ支払っていないこともあるわよね。そういう事実は、現金や預金残高には表れないのよ。それに、借金をすれば赤字でもみせかけの現金は増やせるわ。夕張市は、この方式を使ったのよ。

守山　じゃあ、売掛金や買掛金、借金の帳簿が必要か。

先山　次に、2つの事例を比べてみて。ある年に、ある会社が、交際費を1億円余計に使った場合と、1億円の生産設備を購入した場合よ。

守山　使った金額が同じなら、現金、預金残高は、同じとなるな。

先山　でも、交際費はその場で消えてしまうけど、設備は翌年度以降も使えるわ。

守山　だから、どうだっていうの。

先山　ある会社と取引をしようとする企業や銀行は、その会社の現在・将来の支払い能力をチェックするのは当然よね。また、株式投資を検討する場合、会社の将来性は重要な判断材料よ。このチェックのためには、現金、預金をどれだけ持っているかだけではなく、借金はどれくらいあるか、会社規模と比較して経費を過大に支出していないか、必要な設備投資を行っているか等も、ポイントとなる。だから、交際費を必要以上に使っている会社は評価が低くなるでしょう。また、設備投資額が、同業者よりも少ないと、将来性に不安があると判

貸借対照表の例

資産		**負債**（他人資本＝借金）	
（金銭的価値の認められたもの）		買掛金	1億円
現金、預金	1億円	借入金	2億円
土地、建物	10億円	社債	1億円
売掛金	1億円	**資本**（自己資金）	
貸付金等	1億円	資本金	7億円
積立金（基金）	1億円	法定準備金	1億円
		未処分利益	2億円
合計	14億円	合計	14億円

断されるかもしれない。そういった評価をする場合、全国統一の会計の基準に従って作成した表があると、わかりやすいし、会社間の比較にも便利よね。

守山 まあそうだな。われわれ地方自治体についても、国が、款・項・目・節の目安となる雛形や、決算統計の統一様式を示している。基準や様式がばらばらじゃ、自治体相互の比較ができないもんね。このような場合は、地方分権ではなく全国統一が必要だ。

財務諸表

先山 そこで、財務諸表の様式や作り方が法律等で定められているのよ。企業はこれに従うことにより、自社の財務状況を対外的に示し、相手が安心して取引や投資ができるようにできるのよ。さっき言ったアカウンティングっていうのは、つまり、外部の企業、銀行等に説明責任を果たすという意味よ。

守山　へー。

先山　では、財務諸表の基本の基本について説明します。私たちも、公営企業や第三セクター関係の仕事をする場合は必須の知識ね。まず、財務諸表とは、貸借対照表、損益計算書、利益処分計算書等のことを指します。中心となるのは、貸借対照表、損益計算書の2つです。

まず、貸借対照表とは、決算時点での企業の資産の量とその財源の表です。資産とは、現金、預金、建物、機械、売掛金等のことです。財源は、大きく負債と資本に分けられます。つまり、資産を得るためにどれくらいの借金をしたか、自分ではどれくらいお金を用意できたかということです。注目して欲しいのは、貸借対照表の左右の合計は、必ず一致するということです。もしも、貸借対照表を作ってみて、合計が一致しなかったとすると、どこかに間違いかごまかしがあるということです。

守山　この表を、役所の帳票にあてはめるとどれになるのかな。

先山　役所では、財産の調書、起債現在高の調書が、別々に作成されます。自己資本の概念はありません。一方、貸借対象表では同一の表で、財産、積立金と、それに対応した借金と

損益計算書の例

費用		収益	
原材料費	20億円	売上	47億円
人件費	20億円	受取利息	1億円
事務費	5億円		
支払利息	1億円		
利益			
未処分利益	2億円		
合計	48億円	合計	48億円

自己資本額が示されているので、財政の健全性等の評価が一覧できるというメリットがあります。もう少し説明すると、複式簿記では、財産を買う際には必ず財源も記録するんです。この記録の積み上げが、貸借対象表に機械的に集計されるのです。したがって、多額の借金をして施設を増設すると、貸借対照表の借金欄の金額が膨らむので、表を見た投資家等は借金が多いな、と警戒できるのです。もしも借金をごまかして少なく計上すると、貸借対象表の左右の合計が合わなくなりますので、わかってしまいます。どうしてもごまかし続けたいなら、どこか他の項目をいじらないとだめです。

守山　嘘に嘘を重ねなくてはだめという訳か。そんなことを続けていると、どこかでばれてしまう。役所の場合は一表になっていないから、そのようなチェック機能はない。それに、別々の表だと健全性の評価がしにくいな。

先山　そうね。では次に損益計算書に移るわ。

損益計算書は、一定期間（通常は1年）の費用と収益を一表にしたものよ。収益の方が多いと、利益を計上し、逆だと損失を計上する。その結果、左右の合計は一致することになるのよ。そして、損益計算書の利益が貸借対照表の利益とぴったり一致するのよ。

守山　へー。複式簿記ってうまくできているんですね。

先山　役所が、財務諸表を作るメリットの有無については議論があるわ。民間企業の場合、財務諸表がその会社に対する投資や融資の判断材料となる。資産がたくさんあれば、いざというときに売り払って借金返済に使えるとか、利益をたくさん計上しているから株価上昇や高い配当が期待できる、借金も返せるだろう、なんて推定が可能なのね。でも、役所の資産って、道路や学校みたいに売り払えないものが大部分なのよ。逆に、資産が多いことが負担になるともいえるわ。

守山　どういうこと？

先山　たとえば、ある自治体がたくさんの公民館を作ったとします。市民は喜ぶでしょうが、財政的にはマイナスです。つまり、ランニング・コストを毎年支出しなければなりませんし、老朽化すれば建て替えなければなりません。一度建ててしまうと、利用者が少なくても廃止、売却は政治的に困難なことが多いでしょう。

逆にある自治体は、いっさい公民館は作らないと決めました。その代わり、自治会が役所の定めた基準に合致した自治会館を作る際に、手厚い補助金を出すことにしました。この場合、自治体の資産には1円も計上されません。でも、実際、公民館機能のある施設が存在する。ランニング・コストはかかりません。廃止・建て替えはコストを負担している自治会の判断に任せればいいのです。

守山　なるほど。

先山　次に、役所には株価や配当といったものはない。将来の支払い能力については、自治体の格付けみたいのがあるようだけど、実際、自治体が借金を焦げ付かせることはありえないと言っていい。したがって、利益や繰越金の多寡は、民間企業のように重要な評価の要素ではないわ。だから、役所が民間と同じレベルの財務諸表を作るメリットってあまりないような気がするわ。そのかわり、自治体ごとに、全国統一様式に基づいて、特別会計や第三セクターも合算した貸借対照表を作るといいと思います。そうすれば、夕張市のような不正の再発を防止できます。全国の自治体が決算状況等を全国統一様式に従って作成している「決算カード」を一般向けにわかりやすくビジブルに編集したものもあるといいわ。決算カードは、総務省のホームページで閲覧できます。

コスト意識

守山　損益計算っていえば、よく「役人はコスト意識がない」って言われるし、昇任試験論文では、「コスト意識をもって」っていうのが定番だよね。

先山　すぐに出る反論は、「役所の仕事は、コストだけでは評価できない」ってことね。

守山　とにかく、民間が善、役所が悪って議論は不愉快だな。

先山　では、民間のコストに関する考え方をみてみましょう。今まで述べてきたことは、「財務会計」といって、法令等で定められた外部への説明のための仕組みです。会計学には、もうひとつ「管理会計　management accounting」という分野があります。これは会社経営のために内部向けに行う会計の仕組みです。つまり、製品のコストがいくらかかるか、利益をあげるにはどれくらい売る必要があるか、新規事業への投資が儲かる見込みがあるか等の計算をするのです。

守山　漠然とはわかるけど、イメージが浮かばないな。

先山　概要を説明するから、よく聞いてね。原価には、まず原材料費、直接労務費があります。これに、水道光熱費、消耗品費等を加えたものが製造原価となります。さらに、管理費等を加えたものが総原価です。そのうえで、これに利益を加えたものが販売価格になります。もしも市場価格が販売価格よりも低かったら、低い利益に甘んじるか、どこかの経費を削るよう努力するか、撤退するか、選択することになります。

守山　学校給食の費用を徴収するときは、原材料費相当額のみを算定基準にするから、一食300円程度で済むとのことだよ。

先山　役所は、給食から利益を得ようなんて思っていないわ。どの部分までの費用をもらうかは政策判断ね。

守山　じゃあ、利用者から料金を頂くという部分は、コスト意識を議論する意味が薄いかな。では、原価を下げるという点ではどうだろうか。

先山　入札制度の改革で、業者間の競争が行われやすい仕組みになりつつあります。予定価格と比較して、落札額が下がる傾向にあるようね。

行政のコスト意識の不足でよく批判されるのは、公共事業ですね。批判の的は、十分な利用者が見込まれない公共施設、道路、新駅、空港等の建設です。管理会計の視点から見ると、投資する利益があるかどうかの判断となります。ある新規事業に投資するかどうかは、投資して何年か先に、投資額に対して金利よりも多くの見返りがあるかどうかで判断します。リスクの大きい事業なら、それに見合った高い見返りがない限り投資しません。逆に言えば、リスクの大きい事業は、リスクに応じた高収益をあげる見込みがないと、出資者を募ることは困難だということです。

役所の場合、投資によって得られる利益は、住民の利便性向上や産業振興といった、金額に換算しにくいものがほとんどだね。たとえば、鉄道や再開発事業等については、「○○人の

利用者が見込まれます。○○戸の住宅、○○ヘクタールの業務地区が増えます。そのために○○円の公費を投入します」と説明することになるわ。

希望的観測

守山　役人は希望的観測数字を作るのが上手だから、リスクがないように説明すると思うな。多摩モノレールや日暮里・舎人線の利用者数は、当初見込みからかなり減っているよね。

先山　一昔前はそれで済んでいたかもしれないけれど、今は特に反対派の住民やその支援者が情報を集めて勉強している。こちらも、しっかり理論武装しておく必要がある。というより、そもそも効果に疑問のある公共事業はやろうとしないことね。

守山　東京港の臨海副都心開発計画の変更はどうかな。地価が将来も一定の率で上昇し続けることを前提にフレームを組んだけど、バブル崩壊でその前提が崩れたんだよね。

先山　バブル経済の最中には、今思えば、官民ともに不思議な判断をしていたわ。つまり、みんな「こんな時代はいつまでも続く訳がない。いつかは転換期が来る」「ばば抜きゲームだ。誰かが損をする」と認識していたけど、結局そのトレンドが続くことを前提に投資を繰り返していたのよ。

守山　まわりの景気のいい状況に煽られて「まだ、大丈夫だ。自分は、ばばを引かない」って思ってたらしいよ。

先山　私たちが臨海副都心開発計画の実施部隊にいても、違う結果にはならなかったでしょうね。「このフレームはあまりに楽観的だ。不確定要素に依存しすぎている。地価上昇率の想定を見直し、開発コストを圧縮して、もっと確実性、安全性の高いものにすべきだ」って主張したかもしれない。でも、一極集中、地価高騰、地上げ、コミュニティの崩壊、首都移転構想等で騒然としていた当時の状況の中では、受け入れてもらえなかったでしょうね。

守山　管理会計の考え方を、役所の意思決定に活かすのは無理ってことかな。

先山　そんなことはないわ。臨海部開発でも、一応フレームを作って試算をしていたのよ。問題は、それが妥当かどうか、判断も役人がやっていることね。大規模公共事業だと、最初に開発ありき、で進む場合が多いじゃない。数字はあとから作ることもあるわ。宮崎県のシーガイアは、経営不振で破綻してしまったけど、まるで建物を作るのが目的じゃなかったかって批判される程、実際の来場者が少なかったようよ。

守山　それに、当初計画で試算された費用が、実施の段階で何割増になるなんてことも、よくあるしね。当初は、ゴーサインをもらいやすくするために、わざと低い試算を出しているって話もあるけど。

先山　一定額以上の施設や公共事業については、事前にコストや効果を公開して、外部の専門家に賛否の公開討論をやってもらう、なんて仕組みを作るのはどうかしら。あと、一度コストの概算を示したら、その枠の中で実施することの徹底ね。

コーチング

解決策は本人の中にある

先山　私たちは管理職ですから、部下のやる気を引き出すように、心を配らなくてはなりません。守山さん、実践していますか。

守山　まぁ、僕は率先垂範タイプだから、いろいろ指示するよりも「俺の背中を見ろ」「俺についてこい」って感じかな。

先山　そんな熱気は感じられないけど……。あなたは官房系がほとんどだから、その方法でも済んだかもしれないけど、事業系の職場だとついてこない職員、ついてこられない職員も多いのよ。少しは労務管理の苦労をしたほうがいいわね。

守山　官房系には官房系なりの苦労があるんだよ。サービス残業が常態化している。雑用は多いし事業課からは文句を言われるし。それに、僕は部下に「ああしろ、こうしろ」って指示するのが苦手で……。

先山　その辺が本音のようね。職員のマネジメントにはいろいろな方法があるけど、指示しないでやる気を引き出したり、悩みを解決したりする方法もあるわ。
守山　それって、すごいんじゃない。
先山　では、メンタル・マネジメントのうちで、コーチングについてお話します。何か壁に突き当たって解決方法を見つけられないで悩んでいる職員がいたら、この方法を試して下さい。根本の考え方は「解決策は本人の中にある」ということです。
守山　へー。
先山　でも、本人は、それを自力では見つけられない状況にあります。そこで、私たち上司がお手伝いするのです。

傾聴、共感

先山　まず、相手の話を、共感を持って聴きます。途中で遮ったり、否定をしたり、アドバイスをしたりしてはいけません。相手に、「この人は、私の話を聴いてくれる。味方になってくれる」という信頼感を持ってもらうことが大切です。
守山　とにかく、聴くことだな。
先山　ただ聴くだけじゃ十分じゃないわ。適度の相槌と、オープン・クエスチョンね。つまり、話が途切れないように、イエス・ノーではなく、説明を求めるような質問をすることね。例えば、「事務分担が不満なんですね」というと、「はい」で終わってしまいます。「どんな仕事をやってみたいですか」とか「今やっている仕事について、どう思っていますか」と尋ねれば、「実は、……」と会話が繋がるし、解決策のきっかけとなる情報を導けるかもしれないわ。注意しなければいけないことは、「なぜ○○したんだ?」と問い詰めるような質問はしないことね。あくまでも、相手の理解者、味方として接することが大切です。

守山　で、解決策をどうやって導くんだ?

先山　話しているうちに、相手の気持ちが整理されて、問題点が見えてくる。タイミングを見て、「どうしたらいいでしょうか」と質問するんです。そして、自分の中にある解決策に気づかせるのよ。相手に考えさせるのが、ポイントよ。もちろん、アドバイスを求められたら、こちらから助言することもあるけど、あくまでも指示するのではなく、「こういう方法もあるが、どうだろうか」と、相手に判断してもらうのよ。

守山　相手に、全くやる気がない場合はどうしたもんだろうか。

先山　全くやる気がないなんてことはあり得ないわ。辛抱強く話を聴いて、不満や問題点を整理して解決策を見つけるお手伝いをすることね。職員もいろいろよ。全ての職員に、同じような意欲や能力を期待しないことね。職場にいる限りは、能力に応じて、ただしその能力をできる限り活かして働いてもらうという現実的な対応をとることです。能力不足への最終的対応は、人事考課、分限処分に任せましょう。医学的支援の必要性が疑われる場合は、職員相談室等も利用して、早めに別の対応方法を検討することが大切よ。

守山　今度、僕にコーチングをして下さい。

先山　だめー

あとがき

「役所の常識、世間の非常識」などとよく言われます。しかし、この「役所」の部分を、事故隠しや不払い等の不祥事を続けてきた「電力会社」、「保険業界」に置き換えると、ピッタリはまりませんか。役所に限らず、組織には、良かれ悪しかれ、そこでしか通用しない常識や価値観があるのです。

問題なのは、そのような特定の組織にどっぷり浸かっていると、世の中の動きや価値観の変化が見えにくくなってしまうこと、また、仮にそれに気づいても否定したり目をそらしたりすることです。私たち公務員には、議会答弁、昇任試験や職員研修の際に使う「住民ニーズの変化に的確に対応し……」という定番表現があります。つまり、たてまえでは、世の中に目を向け、変化していくことの必要性を認識しているのです。しかし、現実の職場では、現在の仕組みを変えることによって生じる短期的なリスクやデメリットに注目して、結局、「今のままでいいや」「そのうちなんとかなるよ」という現状維持志向となってしまうのです。このようなことを続けていると、夕張市のようにとんでもない事態を招いてしまいます。

世の中の動きを把握し、変化への的確な対応策を提案・実現していくためには、個人の意欲や自己流の努力のみでは、限界があります。そこで、体系化されたＭＢＡの発想や知識が威力を発揮するのです。ＭＢＡの発想や知識を習得すると、今までわからなかった事実が見えてくるようになり、様々な問題点を発見し、その解決案を思いつくことができるようになります。その結果、日々の出来事が面白くなってきます。

　読者の皆様がＭＢＡに関心を持ち、資格取得を目指したり、関連書を読んだりすることによって、一社会人としての価値を高めるとともに、公務に生かしていくことを期待します。

本書に関する御意見、御感想等がありましたら、著者のメール・アドレス、mbaopinion@yahoo.co.jp まで、お願いいたします。

参考文献

池上重輔著『ＭＢＡの基本が面白いほどわかる本』中経出版、２００５年
グローバルタスクフォース㈱著『通勤大学ＭＢＡ　1～12』総合法令出版、２００２～２００４年
ピーター・Ｆ・ドラッカー著、上田惇生訳『ドラッカー３６５の金言』ダイヤモンド社、２００５年
Drucker, Peter F. Management: Tasks, Responsibilities, Practices, Harper Perrenial 1993
Drucker, Peter F. The Daily Drucker, Harper Business, 2004
Kotler, Philip. On Marketing, The Free Press, 1999
Kotler, Philip, Lee, Nancy, Marketing in the Public Sector, Wharton School, 2007
Kurtzman, Joel with Rifkin, Glenn, Griffith, Victoria, MBA in a Box, Crown Business, 2004

世良 勇

せら いさむ

東京特別区職員

1981　慶應義塾大学法学部卒業

1981　ブリヂストン・タイヤ入社、経理担当

1983　東京特別区入庁、高齢者福祉担当

1987　東京都庁企画審議室、東京都総合実施計画担当

1989　東京特別区、財政・商工・職員研修等を担当

2006　米国アナハイム大学MBA取得

公務員もMBA　転職編　ラーメン起業の発想も
現職編　すべては納税者満足度

2007年5月28日　初版発行

定価　本体1800円＋税

著者：世良　勇

発行人：大橋　勲男

発行所：㈱都政新報社

〒160-0023　東京都新宿区西新宿7-23-1　TSビル

電話03-5330-8788

振替00130-2-101470

http://www.toseishimpo.co.jp/

装丁：市瀬淑子

印刷・製本：モリモト印刷株式会社

乱丁・落丁本はお取り替え致します

Printed in Japan

ISBN978-4-88614-157-6